高校辅导员队伍建设与职业化发展研究

左登登 著

中国建材工业出版社
北 京

图书在版编目（CIP）数据

高校辅导员队伍建设与职业化发展研究/左登登著
. --北京：中国建材工业出版社，2023.11
ISBN 978-7-5160-3921-2

Ⅰ. ①高… Ⅱ. ①左… Ⅲ. ①高等学校－辅导员－师资队伍建设－研究 Ⅳ. ①G645.1

中国国家版本馆 CIP 数据核字（2023）第 222317 号

高校辅导员队伍建设与职业化发展研究
Gaoxiao Fudaoyuan Duiwu Jianshe yu Zhiyehua Fazhan Yanjiu
左登登 **著**

出版发行：中国建材工业出版社
地　　址：北京市海淀区三里河路 1 号
邮　　编：100044
经　　销：全国各地新华书店
印　　刷：北京传奇佳彩数码印刷有限公司
开　　本：787mm×1092mm　1/16
印　　张：10
字　　数：132 千字
版　　次：2024 年 5 月第 1 版
印　　次：2024 年 5 月第 1 次
定　　价：59.80 元

本社网址：www.jccbs.com，微信公众号：zgjcgycbs

前言

辅导员是从事学生思想政治工作的专职人员，是开展大学生政治思想教育的骨干力量，是高校学生日常管理、思想政治教育和管理的组织者、实施者和指导者；是大学生健康成长的指导者和引路人；是学校政工干部队伍和教师队伍的重要组成部分。走“职业化”的发展道路正成为高校辅导员队伍建设重要的探索和实践方向。

在各高校竞争日趋激烈的环境下，辅导员的影响不容忽视。辅导员作为高等学校中与学生直接面对面交流的群体，对大学生意识形态的树立有着不容小觑的影响。由此可见，辅导员队伍建设具有重要意义。高校辅导员队伍的职业化是从业人员通过与辅导员工作相关的专业技能教育、培养或培训，从而具有学生思想政治教育与事务管理专业知识和工作技能，在高校中长期甚至终身从事辅导员职业，并推动相应制度、机制等管理体系的建立。当前高校学生教育与管理面临的新形势以及所要应对的新挑战和破解的新难题，使高校辅导员队伍的职业化发展趋向日益清晰和明朗。

本书详细阐述了高校辅导员队伍建设与职业化发展路径。首先概述了高校辅导员工作，然后详细论述了高校辅导员队伍建设的基础理论与对策、辅导员职业化及能力培养等相关内容。本书在撰写过程中，参考和借鉴了一些知名学者的著作和论述，在此向他们表示诚挚的感谢。另外，本书中难免存在纰漏之处，恳请老师、同人斧正。

编　者

2023 年 5 月

目录

第一章　高校辅导员工作概述

第一节　高校辅导员及其重要性

一、高校辅导员

“高校”即“高等学校”，是以实施高等教育为主要职能的机构。在中国，分普通高等学校和成人高等学校两类。前者包括大学、独立设置的学院、高等专科学校和高等职业学校。后者包括广播电视大学、职工高等学校、农民高等学校、管理干部学院、教育学院、独立函授学院和普通高等学校举办的函授部（学院、班）、夜大学校等。

辅导员制度是目前大学普遍采取的一种学生管理制度。因此，辅导员一般专指高校辅导员。高校辅导员这一概念并非中国特有。欧美等国的大学普遍存在着“Counselor”这一角色，相应地翻译为“咨询者”或“指导者”，是指具体负责学生事务的人员，他们专业牢固、经验丰富，可以为大学生提供专业的指导性或者咨询性（Counseling）服务，不是对大学生个体负责，而是专心地为学生的整体发展提供各种类型的辅导性或咨询性服务。

在我国，辅导员的全称是“学生政治辅导员”，辅导员这一角色诞生于特定的历史时期，辅导员一词走过了“政治指导员”“政治辅导员”和“辅导员”的演进历程。辅导员的概念是与时俱进的，它是随着时代的发展而变化。当前，对辅导员这一角色已经达成了共识：辅导员是中国高校中从事学生思想政治工作和学生管理的人员，是学生在校期间德、智、体全面发展的导师，是高校思想政治工作队伍的重要组成部分，是学校领导和学生之间的联系纽带，是党的工作在大学生中的具体执行者。

二、高校辅导员的重要性

高等教育是以培养高级人才为目标的高层次教育，高校则是培养人才的场所。我国的教育方针是：教育必须为社会主义现代化建设服务，必须与生产劳动相结合，培养德、智、体全面发展的社会主义事业建设者和接班人。高校中的思想政治工作，就是为了实现这一目标，做学生的思想教育、转化和引导工作，而承担这一任务最直接的人员就是辅导员。高校辅导员所承担的工作任务，决定了他们在高等教育中有着特殊的重要性。

（一）辅导员是大学生思想政治教育的骨干力量

随着高等教育的大众化，大学入学人数急剧增加，办学层次以及办学形式发生了显著变化。由于学校管理还存在许多薄弱环节，安全问题、生活问题、心理问题等引发的事端时有发生，社会上的各种矛盾也在高校里有所反映。因此，今天的高等学府绝非世外桃源，高校的发展必须兼顾社会的需求，培养出勤奋务实、适应社会发展的人才是高校的头等大事。在观念多元化的大学校园里，树立一个正确的主导思想至关重要，尤其是对大学生的世界观、人生观、价值观的形成都有深远的影响，而工作在第一线的辅导员最贴近学生的学习、生活、情感等各个方面，能及时掌握第一手信息，引导大学生正确对待学习、生活、情感和就业等方面的问题，及时避免和化解矛盾，维护高校和谐、安全与稳定。

（二）辅导员是沟通高校管理者与学生的桥梁

在具体工作中，辅导员是学校党政领导联系学生的主要纽带。面对高校日益错综复杂的环境，为了更加有效地加强高校管理者与学生之间的沟通与交流，辅导员要对学校规章制度、相关政策起到上传下达的作用。学校的许多工作都需要广大学生的积极响应和热情参与，在工作中所面临的一些暂时困难也需要得到广大学生的理解和支持，辅导员是把党和国家的方针政策、学校的办学思想变成广大学生全面理解与自觉行动的重要保证。大学生的日常管理也离不开辅导员的辛勤工作，现在的高校如果没有辅导员对大学生进行比较规范的日常管理，就会呈现出一片混乱不堪的景象。辅导员的工作量是相当大的，主要涉及大学生的注册、奖学金的评定、社会实践活动的组织、贫困生的资助、宿舍卫生的检查、校园文化活动的组织开展、学生党团工作、心理辅导、就业指导等。其中的任何一项具体工作如果缺少辅导员，都难以得到真正落实。

（三）辅导员是高等学校教师队伍的重要组成部分

辅导员是高等学校教师队伍和管理队伍的重要组成部分，具有教师和干部的双重身份。高校辅导员是高校学生最直接的管理者和教育者，是一支长期战斗在高校思想政治工作第一线的生力军，他们既要用自己的一言一行去教育、影响学生，又要对学生的言行及一切有关学生方面的工作效果负直接或间接的责任。

第二节　高校辅导员工作内容

高校辅导员与大学生之间关系密切，相较于专业课教师，辅导员和大学生的接触更多，他们的工作范围更广，工作内容更丰富。辅导员工作的每项内容都与大学生的成长成才有密切联系，并且教育内容会随着时代发展而不断优化和完善。

一、大学生思想政治教育与引导

（一）理想信念教育

1. 大学生理想信念教育的主要任务

理想信念教育始终是大学生思想政治教育的一项重要内容，其主要内容是以理想信念教育为核心，深入进行树立正确的世界观、人生观和价值观教育，坚持不懈地用马克思列宁主义、毛泽东思想、邓小平理论、“三个代表”重要思想、科学发展观以及习近平新时代中国特色社会主义思想武装大学生的头脑，深入开展党的基本理论、基本路线、基本纲领和基本经验教育，开展中国革命、建设和改革开放的历史教育，开展基本国情和形势政策教育，开展科学发展观教育，使大学生正确认识社会发展规律，认识国家的前途命运，认识自己的社会责任，确立在中国共产党领导下走中国特色社会主义道路、实现中华民族伟大复兴的共同理想和坚定信念。引导大学生不断追求更高的目标，使他们中的先进分子树立共产主义的远大理想，确立马克思主义的坚定信念。理想信念教育当前最突出的是加强“四信”教育，即马克思主义信仰教育、共产主义信仰教育、社会主义信心教育和对共产党的信任教育。

2. 大学生理想信念教育的途径和方法

在大学生群体中开展理想信念教育，要采取适当的教育途径和教育方法，尤其是在大学生理想信念日益薄弱的今天，更需要在途径、方法层面与时俱进，求得实效。

(1) 加强社会实践，发挥实践功效

理想信念教育既需要理论上的学习，也需要实践上的体验，更需要两者的结合与升华。社会实践是培养创新精神、协作精神、实践能力和社会交往能力的重要途径。在社会实践中，引导学生健康成长和成才，接触社会、了解社会、服务社会，要坚持“学知识、受教育、长才干、做贡献”的原则，开展落实科学发展观、大学生就业现状、基层民主建设、传统文化保护现状等调研类为主要内容的形式多样的社会实践活动，让学生在实践中得到锻炼，在实践中成才。

(2) 强调大学生主体性，激发大学生积极性

在充实、丰富理想信念教育内容的基础上，贴近生活、贴近实际、贴近学生，减少说教，体现层次性和灵活性，开展形式多样化和实践化的教育，激发大学生的主体性和参与性，增强理想信念教育的亲和力与影响力。

（3）建设良好校园环境，发挥校园文化的熏陶作用

作为学校精神、传统、作风的综合体现，校园文化具有内在的教育导向、潜移默化的功能，有助于传递文化知识、陶冶高尚情操、活跃课余生活、疏导消极情绪等作用，充分发挥校园文化的熏陶作用，有助于提升理想信念教育的境界、层次和水平。

（4）加强统一领导，充分发挥党团组织的思想、政治、组织优势

在对党员培养、管理和教育的过程中，加强党员先进性教育，充分发挥他们在理想信念教育中的骨干带头作用和先锋模范作用，发挥团组织在教育、团结和联系大学生方面的优势，竭诚为大学生的成长成才服务，从对学生的成长成才的关心、关怀入手，为学生的成长成才提供好服务，针对学生内心深处存在的问题，找准症结，把道理讲清楚，把是非搞明白，在潜移默化中让大学生接受理想信念教育，增强理想信念教育的渗透力和辐射力。

（二）民族精神教育

1. 大学生民族精神教育的主要任务

历史证明，任何一个国家、任何一个民族的发展和前进，都不能缺少民族精神，它作为一种精神动力，是促使一个国家、一个民族发展和前进的精神基础和动力支持。在大学生中进行民族精神教育理所应当需要以爱国主义教育为重点，深入开展中华民族优良传统和中国革命传统教育，开展各民族平等团结教育，培养团结统一、爱好和平、勤劳勇敢、自强不息的精神，树立民族自尊心、自信心和自豪感，要把民族精神教育与以改革创新为核心的时代精神教育结合起来，引导大学生积极投身中国特色社会主义事业的伟大实践之中，在时代和社会的发展进步中汲取营养，培养爱国情怀、改革精神和创新能力，始终保持艰苦奋斗的作风和昂扬向上的精神状态。在大学生中进行民族精神教育，还需引导大学生继承、传播、发扬和创新民族的先进文化，增强大学生爱祖国、爱人民、爱劳动、爱社会主义的情感，将自己的理想与祖国的前途、民族的振兴联系起来，将个人的荣辱得失与祖国的兴衰强弱联系起来，树立强烈的社会责任感和历史使命感，为民族的伟大复兴贡献力量。

2. 大学生民族精神教育的途径和方法

和理想信念教育一样，民族精神教育也是一项复杂的系统工程，在大学生中培育和践行民族精神，不仅要发挥各门学科的教育作用，还要发挥思想政治理论课的主渠道作用，更要发挥日常思想政治教育的主阵地作用，采用多种途径和方法，激发大学生的主体性，深化、升华民族精神教育，提高民族精神教育的亲和力、渗透力和辐射力，切实提高民族精神教育的实效。

（1）充分发挥校园文化的熏陶作用

深度发掘新时代中华民族的精神，用富有时代气息的鲜活精神来充实教育内容，融入丰富多彩的校园文化活动，集传统文化教育、国情国史教育、现代社会公民意识、国家意识教育、中国特色社会主义建设精神教育、和谐宽容和志愿奉献精神教育、现代公民人格精神教育、人生价值和生命精神教育于一体，激发大学生的爱国情感和报国志向。

（2）充分发挥思想政治教育的渗透作用

在日常思想政治教育中，深入开展传统文化和传统道德教育、革命传统教育、国情省情教育、形势政策教育，让学生认识中华民族的过去、现在和未来，了解中华民族辉煌灿烂的文化。

（3）充分发挥大学生的主体性和积极性

随着时代的进步，传统的教育模式已经不适应当前的大学生教育，开展科学有效的民族精神教育必须充分尊重大学生的主体性，激发他们的积极性。具体来说，要根据学生的思想特点和成长规律，以多样化的群体组织、多样化的活动开展深入浅出的爱国主义教育，充分发挥学生在民族精神教育中的主体作用，激发学生的积极性和主动性，引导学生主动参与，积极配合，在参与的过程中培育和弘扬民族精神。

（三）公民道德教育

1. 大学生公民道德教育的主要任务

道德教育指一定社会或集团为使人们自觉遵循其道德行为准则，履行对社会和他人的相应义务，而有组织、有计划地施加系统的道德影响。比较完整的道德教育过程，一般包括提高认识、陶冶情感、磨炼意志、确立信念和培养行为习惯等主要环节。与通常的知识教育相比，道德教育具有交融性、重复性、强烈实践性和渐进性等主要特点。社会主义社会的道德教育，主要是培养人民的共产主义道德品质，提高人民的积极主动性，推动社会秩序和社会风气的不断改善。它既从现实经济政治关系的实际需要和可能出发，又着眼于人民道德境界的不断升华。它不仅注重清除一切旧道德的消极残余和影响，积极配合和保证政治、法律、知识、审美等方面的教育，而且更注重于培养人民的社会责任感和道德选择能力。

2. 大学生公民道德教育的途径和方法

(1) 打造良好教育环境，营造舒适学习氛围

公民道德教育联系着家庭教育，又联系着社会教育，需要家庭、社会和学校的合力，更重要的是要善于发挥大学生的主体意识，尤其是在道德方面的主体性，引导学生在学习、工作和生活中充分开展自我教育、自我管理和自我服务；实践道德规范，因地制宜，因人而异，开展贴近学生、贴近生活、贴近现实的道德教育，并利用多媒体、网络等现代信息技术，开展多样化、生活化、人本化的公民道德教育；组织学生开展勤工俭学、社会调查、社会实践、社区服务等社会活动，引导学生在实践中体会、体验、认同、内化道德规范，把握做人做事的规范与尺度，养成良好的观念和习惯。

辅导员应该开展全方位的道德教育，从班级文化建设、社团文化建设和校园文化建设入手，开展具体可行的教育活动；增强大学生公民道德教育的形象性、具体性、趣味性和感染性；增强公民道德教育的渗透力、辐射力和影响力，建设良好的学风、考风和校风，营造大学生公民道德教育的良好氛围，形成大学生公民道德教育的合力。

(2) 尊重大学生主体性，加强教育针对性

随着时代的发展，大学生在教育中的主体地位愈加凸显，想要开展切实有效的道德教育，就必须充分尊重他们的主体性，加强教育针对性。大学生思想活跃，求知欲强，公民道德教育必须高瞻远瞩，上升到一定的理论高度，帮助大学生系统掌握社会主义核心价值观体系，用马

克思主义的道德观分析社会道德现象，解决相应的认识问题，提高大学生对道德的理性认识。同时，大学生具有较高的知识文化水平，公民道德教育必须厚积薄发，具有一定的文化深度，用鲜活的事实、深厚的文化来增强大学生对道德的文化性理解，提高大学生对道德的认同感。此外，大学生处于青春期，具有一定的叛逆性和独立性，公民道德教育宜潜移默化，具备一定的人性温度，从小事、身边事做起，由近及远，由己及人，由知到行，提高大学生对道德的亲切感。

“以人为本”是大学生公民道德教育的基础，在此基础上还应该增强教育的灵活性和辩证性。当代大学生更加务实、理性，面临着多方面的挑战，应引导大学生处理好公平与效率、义和利、知与行、德与才的关系，处理好传统与现代、中国与世界、先进与普通的关系，逐步建立起因人而异而又适应社会不同层次、不同职业领域要求的道德体系。同时，增强公民道德教育的内容、内涵，融入环境伦理、生态伦理、科技伦理、网络伦理教育与公民道德教育，引导大学生树立新的道德观。

(3) 强调基本道德规范，加强基础性公民道德教育

辅导员开展大学生公民道德教育，首先要重视基础性道德教育，也就是说，要以基本道德规范为基础，在大学生中深入进行公民道德教育。认真贯彻《公民道德建设实施纲要》，以为人民服务为核心、以集体主义为原则、以诚实守信为重点，广泛开展社会公德、职业道德和家庭美德教育，引导大学生自觉遵守爱国守法、明礼诚信、团结友善、勤俭自强、敬业奉献的基本道德规范，坚持知行合一，积极开展道德实践活动，把道德实践活动融入大学生学习生活之中。

(1) 强化道德意识，提高道德素质。结合大学生的年龄特点和文化层次，开展形式多样、内容丰富的学习教育和社会实践活动，引导大学生在实践活动中遵守日常行为规范，从身边的事情做起，从具体的事情做起，着力培养良好的道德品质和文明行为，形成高尚的道德理念，升华道德境界。

(2) 统筹全局，强调全面性。从大学生的实际情况出发，提高大学生对为人民服务思想的认识，积极探讨为人民服务的新形式，引导大学

生不断追求更高的道德目标。引导大学生深刻领会集体主义精神，正确认识和处理集体和个人的利益关系，提倡个人利益服从集体利益，局部利益服从整体利益，当前利益服从长远利益，把个人的理想与奋斗融入广大人民群众的共同理想和奋斗之中，在为社会的奉献中体现自己的价值。加强法治教育和诚信教育，增强大学生的法律意识和守信意识，提高大学生守法的自觉性，树立社会主义荣辱观，发扬传统美德，古为今用，熏陶和教育大学生。

二、大学生成才发展指导教育

（一）大学生成才发展指导教育的主要任务

对大学生进行成才发展指导是辅导员的主要工作，以大学生的全面发展为目标，以服务学生成长成才为宗旨，针对大学生在求学过程中所面临的学业、就业、心理、生活等方面的各类发展性问题，通过教育、引导、咨询、辅导等多种方式和途径进行指导，激发大学生潜能的发挥，使大学生成长为专业本领过硬、具备较强社会适应力和竞争力的优秀人才。其主要内容包括学生适应性教育、职业规划和学业指导、校园生活指导、心理健康教育指导、社会实践指导、校园文化活动指导、创新创业指导等内容。

（二）大学生成才发展指导教育的途径和方法

1. 实施职业发展导航工程，“全过程”引领学生成才发展

实施大学生职业规划导航跟踪工程，将不同年级以及不同发展层级的学生纳入导航体系，切实指导大学生科学制定、有效实施和适时修正学业、职业发展规划，实现对学生学业、职业发展的全过程教育引导。为确保大学生职业规划导航跟踪教育的有效开展，真正实现职业规划教育的早期性、连续性、系统性、实用性、专业化、个性化的目标，需从观念转变、教学改革、队伍建设三个有效路径着手，真正做到“三管齐下”。

（1）观念转变是先导

观念左右人的思路，影响和决定人们的精神和素质。观念是行动的先导，行动滞后是观念落后的必然结果。有什么样的观念，就有什么样

的行为；有什么样的行为，就有什么样的习惯；有什么样的习惯，就有什么样的性格；有什么样的性格，就有什么样的命运。观念不同，价值取向就不同，解决问题的思路也就不同，结果自然也不同。因此，要开展好大学生职业规划教育，首先应转变观念，只有新的观念才能给我们找到新的出路。

第一，对大学生而言，需增强自我意识。在职业规划指导中帮助大学生树立职业理想的意义不仅在于找到能够胜任的具体工作，而且更重要的在于能够使大学生在整个职业生涯中既有很强的岗位适配性，又获得非常大的职业满足感和成就感。因此，大学生在校期间的学习要发挥主观能动性，增强自我意识。增强自我意识是一个理性地审视自我的过程，它反映在正确认识自我时不越位、不错位、不空位。只有养成自我意识，提高自主决策能力和自主解决职业发展问题的能力，自觉设计规划职业生涯，才能避免就业的盲目性，从而降低就业失败的可能性，为个人走向职业成功提供有效的保障。

第二，对于高校而言，需转变职业指导工作理念。

首先，要高度重视大学生职业指导工作。高校在大学生职业指导工作中承担着重要职责，大学生的职业理想教育必须在高校的正确引导下才能顺利进行。高校必须充分认识到职业指导对大学生成长成才的作用和意义，在思想上重视大学生职业指导工作，并且通过会议、校园广播等进行广泛宣传。一方面鼓励大学生进行职业生涯规划，引导大学生树立正确的就业观念；另一方面也要引起全校教职工的足够重视，积极为大学生提供指导，真正实现职业指导工作的全员化，以科学发展观为指导，把大学生职业理想教育纳入高校改革发展的整体运作之中，构建协调发展的良性机制。

其次，要转变职业理想教育目标。目前，人们广泛认同的职业指导的理想目标是实现人、职的最佳匹配。但这样只能说明某个人适合某种职业，并不能说明这种职业是否符合人的需要。随着“以人为本”“以生为本”理念的兴起，在职业指导时应开始重视人的需要和职业价值观在职业选择中的作用，重视个人的职业满足感和职业成就感，这样就理所当然地增加了工作适应性和工作稳定性，个人在这样的工作领域会干得更加持久，职业更加容易获得可持续性发展。因此，学校的职业指导目标也应该在此基础上进行转变，指导的目标是要把人、职匹配的目标定位在“职业满足”，而不仅仅是“胜任”。

最后，要树立科学的职业理想教育理念。要开展有效的职业理想教育，就必须树立科学的职业理想教育理念。科学的职业理想教育理念应包含以下主要内容：①树立职业理想是建立在正确认识主客观基础之上的一个长期坚持的自我探索过程。②职业理想教育重在实践。通过职业实践，将自己的职业理想目标落实为实际行动，不断接受社会、企业组织和他人反馈的信息，对自身的职业体力倾向、职业能力倾向和职业个性倾向予以全面科学的衡量与评价，实现择业观从“我能干什么”的理想型向“我会干什么”“我适合干什么”的现实型转变。③职业理想教育的目的在于实现个体和谐、可持续发展。我们需要树立一种注重人的全面发展，强调开发人的潜能，以人的可持续发展为第一需要的教育理念，也就是要把“以人为本”的教育理念运用在职业指导过程中，注重对学生进行个性化的职业辅导，把学生个人的全面发展作为工作重点。以一种长远发展的眼光来指导学生的就业，使学生能够终身受益。④注重培养学生的职业发展意识。俗话说：“机会是留给有准备的人的。”而所谓“有准备”，首先是思想意识上的准备，其次才是个人才能的准备。职业理想教育要立足于帮助大学生树立“有准备”的意识。大学生如何做好准备，如何更好地适应社会并在职业发展过程中脱颖而出，提前培养职业发展意识是关键。这就要求大学生将思想与发展眼光延伸到未来职业需求上，除了在知识、特长、技能实践等方面提早储备和锻炼提高外，还要特别注意提前培养职业发展意识。广义的职业发展意识是指为追求职业发展前途而对职业发展过程和环节所做的多种能力准备与思想观念意识准备。如果说专业教育更多的旨在培养大学生应该具备的某种专业能力的话，那么，职业理想教育则是培养这种思想观念上的意识的唯一有效途径。

第三，对于社会而言，需营造大学生职业指导的良好氛围。社会氛围对于大学生或高校进行职业指导的影响至关重要，如果没有合适的社会氛围做支撑，大学生职业指导进行起来就会困难重重。《国务院关于大力发展职业教育的决定》指出："要发挥学校教育、家庭教育和社会教育的作用，为学生健康成长创造良好的社会环境。"要落实以上精神，必须加强与家庭、社会的联系，取得全社会的大力支持。要想在全社会形成良好的氛围，首先就要通过舆论、宣传等的作用，大力宣传职业指导的意义与作用，不但引导大学生进行职业规划，而且还要引导已经参加工作的人进行职业规划，重新审视自己的职业理想，营造全社会认可、接受、支持和重视职业规划的良好局面。同时，争取家长在子女早期教育中为职业规划打下一定的基础。由于大学生在思想上对家庭仍有较强的依赖性，家庭教育在职业理想树立过程中起着举足轻重的作用。因此，加强学校和家庭的双向交流与互动，得到家庭教育的配合与关注，才能起到好的教育效果。

（2）教学改革是根本

大学生职业理想教育是一项系统工程，应精心组织本科生四年的系统教育，优化设计有利于学生树立正确职业理想的教育内容和教学环节，把职业理想教育融入大学生的知识结构完善、素质提高的过程中，结合时代发展的新形势，革新教育观念，充实职业理想教育的新内容，大胆探索职业理想教育的新途径和新方法，将职业理想教育与思想政治教育、专业教育、职业指导教育有机结合起来，构建三位一体的教育模式。

（3）队伍建设是保障

大学生职业指导既是一项神圣的事业，又是一项专业性很强的工作，需要配备一支具有较高专业知识、能力和素质的队伍。这支队伍既要有量的保证，更要有质的提高。

首先，从量上来讲，要按照中央有关文件规定，按 1∶500 的比例逐步配齐专职职业指导人员。只有这样，才能保证除了处理职业指导中的日常事务之外，还有人力可以投入高层次的职业指导当中。其次，从质上来讲，高校要尽快建立健全就业指导机构，加强就业指导队伍建设。所以，做好大学生职业指导工作，需要建设一支专业化、专家化的师资队伍作保障。这就需要通过引进人才和集中培训学习相结合，建立一支专业化、专家化、科学化的职业指导队伍。一方面引进长期从事职业规划开发的国内外专家，充实师资队伍；另一方面，通过培训进修的方式，培养自己的专业师资队伍。这支队伍应该具备以下专业素质：①在职业生涯规划教育、指导方面具有较广博的职业生涯规划知识和较开阔的视野以及一定的实战经验；②具有良好的知识运用能力，主要表现在学习能力和工作能力两方面。学习能力体现在能够运用所学知识进行分析总结的能力。工作能力主要是体现在能够创新，能够在工作过程中不断地研究职业生涯规划的相关理论，提出新的可行性的规划方案；③良好的心理素质，主要表现在具有充分的自信心、控制情绪的管理技巧、人际交往中的人格魅力以及应对压力的能力。通过引导、培训相结合的方式，不断提高队伍的专业水平，形成学生辅导员、职业指导专职辅导员、职业制度专职教师的三级服务梯队，切实推进大学生职业发展教育人员的专业化、职业化、专家化。

2. 实施素质提升工程，“全方位”助推学生成才发展

第一，实施科创培育工程。以挑战杯、“创青春”创业大赛、创新创业实践周、暑期社会实践为载体，培养学生的创新创业能力。

第二，实施学生干部形象工程。以制度建设、学生干部培训、素质拓展、团体辅导等为依托，提升学生干部队伍素质和能力。

第三，实施学生党员旗帜工程。建立健全党支部各项规章制度；围绕谈话制、承诺制、考核制建立党员入党转正测评体系；带头争当“四面旗帜”（做思想先进的旗帜、学业优秀的旗帜、甘于奉献的旗帜、严

于律己的旗帜），做学生的成才表率。

第四，实施知心工程。增进辅导员与学生的深入交流，促进辅导员规范性、有针对性地帮助学生改善学习和解决各种困难，实施知心工程。主要形式是辅导员针对每一个学生的具体情况，拉网式地与学生开展面对面谈心谈话，深入了解学生的心态，掌握学生的思想波动和行为异常，让学生在世界观、人生观、价值观、学习方法、思想方法、个性锻炼等方面获得有益的指点，并及时化解他们的心理问题，帮助他们愉快地健康成长。知心工程的内容框架分为三个模块：面谈咨询模块、分析研究模块、援助辅导模块。主要针对学生的典型问题，设计制作《学业分析与面谈咨询记录表》《新生职业生涯与学业进程设计辅导谈话记录表》《毕业生就业辅导谈话记录表》等表格，做好谈话记录。

三、大学生心理健康教育

（一）大学生心理健康教育的内容

心理健康是健康的重要组成部分，对于大学生来说当然也是如此。教育部《关于进一步加强和改进大学生心理健康教育的意见》提出，大学生心理健康教育的主要任务是帮助大学生树立正确的心理健康意识，介绍增进心理健康的途径，解析心理异常现象，传授心理调适的方法。所以，大学生心理健康教育的内容既包括对心理健康教育基本知识的介绍和普及，也包括对心理调适方法的传授与应用；既包括对心理异常现象的解析与预防，也包括优化心理素质、潜能的培养与开发；既包括对大学生学习生活、适应发展诸方面的关注与指导，也包括对多种心理行为问题的缓解、消除与矫治。

1. 加强网络认知教育

随着网络的不断发展，大学生的学习和生活已经离不开网络。但是面对网络信息传播内容良莠不齐的现状，辅导员应该积极引导大学生恰当利用网络资源，正确辨别网络信息。同时，提高大学生的选择、判断、鉴别与自控能力，自觉抵制各种不良信息的侵蚀，增强自我约束能力，遵守网络规范，做遵纪守法的文明网民。

2. 培养心理健康意识

对于大学生个体来说，自觉完善心理健康不仅是大学阶段的任务，而且是终身学习的任务。只有当大学生真正具备了健康的心理，才可能在今后的学习、工作、生活中不断丰富心理健康知识，自觉提升心理素质。因此，辅导员可以通过开展心理健康教育活动，增强大学生心理健康意识，使大学生掌握有关预防、识别、调节心理健康问题的基本知识与方法，学会自我心理保健，缓解、消除在学习、生活及成长中产生的心理困惑和心理矛盾。

3. 开发心理潜能，促进自我实现

现代心理学和脑科学的研究显示，人类仅仅激发出了一部分心理潜能，还有很大潜能没有得到开发与利用。作为现代高等教育重要组成部分的大学生心理健康教育，其目的不仅在于对心理问题的预防和消解，更在于对大学生心理素质的提升、心理潜能的开发及自我价值实现的促进。通过心理健康教育，使大学生形成恰当的成就动机，具备人际交往的基本观念与技能，建立健康的情爱观，初步厘清价值追求，不断发展健全人格，实现与周围环境及社会发展的良好适应，促进自身的成长与发展；帮助大学生确立适当的就业期望，进行正确的职业定位，提高挫折的应对能力与承受能力，增强竞争意识和社会责任感，在知识、体格、人格、能力等方面为进入社会做准备。

4. 培育心理品质，提高适应能力

对大学生开展心理健康教育，并不能局限于理论知识的传授，更重要的是培养大学生运用知识的能力以及提高他们的适应能力，提高科学应对当前学习生活中可能遇到的各种心理冲突和心理问题的实际技能。为此，辅导员应通过心理适应教育，使大学生更好地认识自我和他人；认识并适应环境；了解并热爱专业；合理应对学习、生活、交往和社会发展中的各种变化；学会自我分析、自我调控，学会解决学习和生活中的实际问题，使大学生能够学会学习、学会交往、学会生活、学会做人，成为适应能力良好、心理健康的人。

（二）大学生心理健康教育的途径和方法

当前高校的大学生出生和生活在中国信息科技飞速发展的时代，是信息时代的优先体验者，他们大多是独生子女，有优越的生活条件和环境，他们作为拥有较高智力、较高文化和较高自尊心的群体，有着不同于一般青年的更高的抱负和追求，在成长过程中他们有着自己独特的心理特征，但相对而言，他们承受挫折的能力较弱。针对当前高校大学生思想特点与心理健康状况，积极地进行自我调适是维护、保障和促进自身心理健康的根本途径。

大学生心理健康的自我调适是指大学生自己主动发挥自我意识能动性的积极面，克服其消极面，进行自我的心理调适，以达到维护心理健康状态的目标。大学生心理健康的维护、保障和促进可以从以下几方面进行。

1. 树立正确的“三观”，发挥其导向作用

树立正确的“三观”，必须坚持发挥社会主义核心价值体系的指引作用，培养大学生做人做事的道理。因为正确的世界观、人生观、价值观是一个人的精神支柱与灵魂所在，是一个人对客观世界、人生的感悟、价值的认知等方面的自我理解与取向，一个树立正确世界观、人生观、价值观的人懂得善待他人，得失坦然，对发生的事情与矛盾能够客观看待，能够做到无畏艰难，永葆一个良好心理状态去改变自我命运与前程。

2. 充分认识自己、接纳自己

人的许多烦恼、许多困扰都跟对自己的认识和态度有关。苏格拉底把“认识自己”作为人生的座右铭，高校大学生肩负着现代化建设的重要使命，需要清醒地认识自我。首先，要无条件接纳自己，包括自己的家庭、长相、性格、优势与缺点等，正确评价自己，客观分析自己的优点、缺点，不断扬长补短，不断创新自己，完善自我。其次，要学会如何与自我和平友善地相处，只有这样，我们的内心才会充满和谐和宁

静。最后，我们可以通过心理游戏，如“给自我的一封信”“良好认定”“用第三人称讲述自己的人生故事”等方式塑造良好的自我认知。

3. 积极的人际交往

对于正在学习、成长中的大学生来说，人际交往无疑是生活的基本内容之一，人际关系的适应已经成为心理健康的一个重要组成部分和重要标志。悉心培养和锻炼良好的人际交往能力，不仅是大学生现实生活的需要，更是将来适应社会需要、驾驭生命之舟的基石。那么，大学期间如何进行积极的人际交往，建立良好的人际关系呢？

（1）重视建立良好的第一印象

第一印象即人际交往中的“首因效应”，素不相识之人的第一次见面就是第一印象，而第一印象往往会对一个人的整体评价起到决定性的作用。第一印象一旦形成，就不易改变，并会一直影响以后双方的交往过程。如何给别人留下良好的第一印象呢？卡耐基在《如何赢得朋友》中总结了六条给人留下良好印象的途径：真诚地对别人感兴趣；微笑；多提别人的名字；做一个耐心的倾听者，鼓励别人谈他们自己；谈别人感兴趣的话题；以真诚的方式让别人感到他对自己很重要。

（2）主动是交友的重要姿态

很多时候，我们都在强调或者希望别人如何，而不是自己应该怎样。心理学家研究发现，在人际交往中许多人都是被动地等待别人的接纳。别人是不会无缘无故地对我们感兴趣的，要想得到朋友，就必须主动地接纳别人。

（3）帮助别人更容易让人接纳

与人建立良好的关系，给人帮助是很重要的。这种帮助，不是简单地指金钱、物质上的帮助，更重要的是出于真心的感情上的交流、精神上的慰藉，以及对痛苦的分担、对困难的解决。我们都有这样的体会，在你生病的时候，同学陪你去医院，或者在你学习上有困难的时候有人帮你耐心地讲解，你对这个人的接纳程度将远远高于其他人。学会帮助人，将使你更容易与他人建立密切的联系。

（4）学会尊重他人

《论语》告诉我们，“敬而无失，与人恭而有礼，四海之内，皆是兄弟也”，没有尊重的基石，牢固的人际关系就难以建立，四海之内的兄弟也难以寻觅。尊重朋友，就是尊重他的人格和意见，在两个人出现分歧的时候，能够静下心来认真反思自己的不足之处，考虑对方意见的可行性；尊重朋友，就是要明白再好的朋友也会有缺点，不要求全责备，应正确对待朋友的缺点，不要去讥笑、讽刺；尊重朋友就是多从朋友的角度考虑问题，尊重朋友的人格和选择。但是，尊重朋友并不是牺牲自己的一切去迁就对方，也不是对朋友的过错视而不见。

4. 学会调节和控制情绪

在普通心理学里，情绪指的是人对客观事物的态度体验及相应的行为反应，它包括我们的主观体验、生理反应和外部表现。一个良好的、富有弹性的情绪系统将会让我们最终成为一个良好的、富有弹性的人。培养良好的情绪具有两个方向，一种是更多地维持良好的情绪状态，二是改变不太良好的情绪状态——这样的维持和改变其实是一种情绪的调节能力或者称之为“情绪弹性”。如何调节和控制情绪，让自己的情绪调节能力更富有“弹性”呢？

（1）适度释放或宣泄情绪

情绪总是伴随着某些特定的冲动，太多的冲动被压抑当然会出问题，压抑的结果并不是让某种情绪消失了，而是更加集中地聚集在一处，或者更大范围地在内心世界扩散，最终会因为无法宣泄而导致整个心理系统的崩溃，重则出现精神疾病，轻则会导致各种身心失调的症状，比如肥胖、厌食、反复性的胃溃疡等。因此要尝试适度释放或宣泄情绪，“适度”宣泄，有一个底线，那就是“不伤害自己和他人”。

（2）明白每一种情绪对于自己的意义

情绪是特定的心理和生理状态的自我表达，比如愤怒，通常说它是一种负面情绪，但其实愤怒也有积极的意义，因为它可以让我们充满能量，应对挑战；忧愁，作为一种低沉的感觉，它的存在可以让我们回归自我，用一点时间与过去告别，如果忧伤地哭起来，说明你有良好的自然释放紧张和压力的能力，因为眼泪中的紧张激素是血液中的十倍。生活中的种种经历给我们机会去学习和明白每一种情绪对于自己的意义，当你能这样想的时候，许多负面情绪的影响就已经被降低了，这是我们培养良好情绪的开始，更是一种观念的更新。由此可以赋予同一种情绪不同的解读，意义不一样，我们的感受很可能就由消极变得积极了。

（3）避免给情绪“上色”——道德色彩

虽然许多情绪是负面的、消极的、不好的，但是如果总是用各种具有强烈的道德色彩的词来形容情绪，有时候会让自己陷入另外一些危机之中，比如困惑或者是负罪感。其实这是完全不必要的，任何人都有权利去感受和表达任何的情绪。当我们感受到嫉妒的时候，并不是什么“错误的情绪”，那只意味着我们的身边出现了比自己在某些方面更为突出的人，而我们希望自己也能跟别人一样甚至超过别人，希望自己能变得更强，这是非常正常的。如果有人喜欢随便就给情绪“上色”，他一定会逐渐发现很多情绪都是为道德所不容的，最后他能做的事情就是不自觉地越来越压抑，过上一种没有情绪的生活，那是非常可怕的。

（4）需要以情绪与理智的和谐关系为基石

我们是具有高级智慧的灵长类动物，以思维和语言为代表的智力来自大脑的高级皮层功能，智力会影响我们情感表达的质量。同时，情绪产生于更为原始和基本的情感，理智是需要情绪的滋养的。人类无法不带任何情感地学习，一个冷漠的人也无法从错误中吸取经验教训。情绪胜过理智，人将变得过于情绪化；理智胜过情绪，就会失去知觉；理智与情绪必须协调得很好，我们才有可能避免成为机器或者成为炸弹。

5. 主动构建完善的社会支持系统

有关心理健康的研究表明，拥有亲密关系者比没有亲密关系者更少有忧郁的问题。一个完善的社会支持系统包括亲人、朋友、同学、老师、社团成员、合作伙伴等，还包括各种社会服务机构。每个人都有局限性，没有一个人能独自解决所有麻烦，对于陷入困境的人来说，社会支持系统犹如雪中送炭，还给我们持久的温暖、安全以及重振生活的勇气、信心和力量，那些与我们分享生活甘苦的人，给我们增添了阳光。尽管摆脱困境，克服困难，自助是根本，但社会支持系统的他助绝非可有可无，某种意义上说，正是他助为自助提供了营养。

6. 积极寻求心理咨询

目前，所有高校都成立了大学生心理健康教育咨询中心，关注学生内在精神的成长与完善、提高助人和自助能力、维护广大学生的身心健康。这样的咨询中心其中一项非常重要的工作内容和任务就是给大学生免费提供专门的心理咨询，有专门的心理咨询室，并安排固定的咨询时间，由专、兼职心理咨询师为广大学生提供专业的免费咨询服务，这样的心理咨询师均拥有国家心理咨询师职业资格或执业医师资格。因此，在校期间当我们感受到矛盾、冲突、疑惑、挫折与压力的时候，当自我进行调节效果不理想的时候，积极寻求必要的专业的心理咨询服务，能及时帮助我们免于更大的困扰或避免更严重的心理问题的出现。

四、大学生日常事务管理

大学生日常事务管理是辅导员的基础工作，也是整个学生工作不可或缺的一部分。这里需要明确的一点是，辅导员虽然不能天天忙于事务性工作，但事务性工作没有做好，没有这个基础，谈前面的思想政治教育、成才发展教育、心理健康教育等就会缺少基础保障和有力后盾。大学生日常事务管理涉及大学生生活的方方面面，同时也始终贯穿着学生管理的方方面面，对学生的学习生活有着很大的影响。

（一）学生公寓管理

高等学校公寓是学生休闲、生活、学习及交流的重要场所，作为大学生求学期间一半乃至三分之二大学时光度过的空间，公寓的形态状况和变化对学生的成长和发展具有重要的影响。

1. 推进大学生思想工作进公寓

学生公寓作为大学生思想政治教育的重要阵地，需要丰富和创新宿舍文化建设的方式与方法，不断推进思想政治工作进公寓。比如借助公寓场所设立“党团服务中心”，用于党支部和团支部成员开展工作，使其成为学生乐意前往学习、交流，乃至休息的公共空间，有利于促进师生和生生之间的情感交流。此外，党团服务中心和宿舍内设立“理论学习小组”，进行每周一次集体或局部的学习、讨论“青年大学习”“时政新闻”等内容，养成自律的学习习惯，营造学习国家时政大事的氛围。根据各年级、各寝室学习情况，设立“先进青年学习宿舍”“党员宿舍”“学霸宿舍”“文明寝室”等荣誉称号。同时建立综合测评“思想分”加分机制，实现在思想上、行为上感染和吸引更多学生，使他们一起参与到学习小组中，全面提升大学生理论水平，武装日常学习、工作和生活实践，提升实践育人效果。

2. 开展宿舍评比活动

认真搞好星级宿舍和文明宿舍的评比活动。在巩固文明宿舍评比活动的同时，以星级宿舍的评选为手段，增强学生自我教育、自我管理、自我服务的能力，提高学生宿舍的管理水平。

3. 开展自律文化主题教育活动

作为高校软实力文化重要体现的公寓自律文化，对成长中的大学生有着直接或潜移默化的导向作用。以“自律”为主旋律的公寓软实力文化能形成一种良好的育人环境和氛围，能够陶冶学生的情操，培养学生的兴趣、爱好，激励学生积极进取、勤奋求学，引导学生健康成长，使学生逐渐养成良好的道德品质和人格魅力。

（二）大学生班级管理

班集体是学生学习、交流的基本载体，也是学生寻求归属感的载体，是学校开展教育教学和管理活动的基本行政单位。班风建设如何，会影响一个班级的凝聚力以及学生对班级的认同感，因此，学生进入大学之初，辅导员需重视班级管理和建设，引导帮助学生营造关心集体、积极进取、团结互助、努力学习、善于合作、勇于创新的良好班风和学风。辅导员开展班级管理一定要注意一个问题，即班级管理是一个动态的过程，它是教师根据一定的目的要求，采用一定的手段措施，带领全班学生对班级中的各种资源进行计划、组织、协调、控制，以实现教育目标的组织活动过程。

1. 班级管理的方法

（1）常规管理

常规管理是指通过制定和执行规章制度去管理班级的活动。规章制度是学生在学习、工作和生活中必须遵守的行为准则，它具有管理、控制和教育的作用。

（2）民主管理

民主管理是指班级成员在服从班集体的正确决定和承担责任的前提下参与班级管理的一种管理方式。实质上就是发挥每一个学生的主人翁意识，让每个学生都成为班级的主人。

（3）目标管理

目标管理是指班主任与学生共同确定班级总体目标，然后转化为小组目标和个人目标，使其与班级总体目标融为一体，形成目标体系，以此推进班级管理活动，实现班级目标的管理方法。

（4）平行管理

平行管理是指班主任既通过对集体的管理去间接影响个人，又通过对个人的直接管理去影响集体，从而把对集体和个人的管理结合起来的管理方式。

2. 班级管理存在的问题

（1）班级管理制度缺乏活力，民主管理的程度低

在班级中设置班干部，旨在培养学生的民主意识和民主作风，学会

自治自理。然而，很多学校班干部相对固定，使一些学生形成了“干部作风”，不能平等地对待同学，而多数学生却缺少机会。学生在社会环境及部分家长的影响下，往往把干部看成是荣誉的象征，多数学生在班级管理中缺乏自主性。

（2）辅导员对班级管理的方式偏重于专断

分数和排名是对学校和教师工作业绩的衡量指标，这导致了在班级管理时高度重视课堂教育和考试成绩，忽略了学生的内在需求。

辅导员应该采取有效的方式克服以上班级管理的困难与问题，提高班级管理的有效性。良好的班级管理具有十分重要的作用。首先，班级管理有助于实现教学目标，提高学习效率；其次，有助于维持班级秩序，形成良好的班风；最后，有助于锻炼学生能力，学会自治自理。

（三）安全指导与管理

安全稳定工作是压倒一切的工作，无论对于学生、家庭或是高校中的任何一方，一旦发生安全事故，不仅使学生受到伤害，也会给学生家长和家庭造成难以抚平的伤痛，同时也是高校管理工作中非常棘手的问题。《左传》中说：“居安思危，思则有备，有备无患。”辅导员作为学生安全教育管理的第一责任人，必须做到有备无患。在工作中根据实际和需要，对学生开展宪法法律意识、国家安全、网络安全、人身与财产安全、心理安全、消防安全、实验室安全、交通安全、食品安全、涉水安全、两性安全、金融安全、生态与环境安全、涉外交流安全、紧急自救、防灾减灾、毒品危害及其防范等方面的安全教育。

（四）资助、评奖评优等工作

资助和评奖评优等工作是涉及学生切身利益的事务性工作，也是学生较为关注的事情。辅导员在开展具体的奖、助、贷、补、减、免等工作中需要坚持公正、公平、公开的原则，充分发挥其育人功能。同时，辅导员还需要做好学生文明行为规范、作息制度、请销假、违规违纪处理、学籍管理等各类信息档案库管理等工作。

第二章　高校辅导员队伍建设的基础理论

第一节　高校辅导员队伍建设的含义与目标

高校辅导员队伍建设作为一项特殊的社会实践活动，有其内在的理论品质和运行规律，需要不断归纳、总结和凝练。加强对高校辅导员队伍建设的内涵解析和理论探讨，是推进高校辅导员队伍建设的立足点和出发点。

一、高校辅导员队伍建设的含义

关于高校辅导员队伍建设，目前学术界还没有一个公认的定义。这从某种意义上讲，是新时期高校辅导员队伍建设在理论研究方面存在不足的具体表现。为此，探讨高校辅导员队伍建设含义、明确队伍建设目标、把握队伍建设的原则、研究队伍建设内容和创新队伍建设途径，是加强高校辅导员队伍建设理论探索的逻辑起点，也是加强高校辅导员队伍建设的内在要求。

（一）高校辅导员队伍建设含义的演变

为了科学界定高校辅导员队伍建设的含义，有必要对辅导员队伍建设含义的演变进行系统的研究。对相关政策和理论文献进行研究，参照新时期高校辅导员队伍建设的现实境遇，借鉴并汲取其研究的理论成果，是探索并定义高校辅导员队伍建设的基础环节。

1. 党和国家政策文件关于高校辅导员队伍建设含义的表述

改革开放以来，高校辅导员队伍建设相关的政策文件较多，但都没有对高校辅导员队伍建设的含义进行明确界定。不过，目前关于高校辅导员队伍建设的相关政策文件蕴含了高校辅导员队伍建设的含义，对科学界定高校辅导员队伍建设含义具有重要价值。

高校辅导员队伍建设，就是指通过配备选聘、培训培养、管理考核、发展保障等措施，促进辅导员队伍整体或个体素质和工作水平不断提高的社会实践活动。该定义是基于高校辅导员队伍建设运行过程或建设的措施、方法层面而言的，有其科学合理的一面，但是还不够全面深刻，带有一种自上而下的、依靠组织推动才得以加强的意蕴，因此需要继续从理论的层面进行研究。

2. 学术界对于高校辅导员队伍建设含义的贡献

随着高校辅导员队伍专业化、职业化和专家化建设逐渐成为辅导员理论研究的热点之后，有学者指出辅导员队伍专业化建设就是“依据辅导员的职责任务要求以及承担的‘大学生健康成长的指导者和引路人’的重大使命，依托专门机构及终身培训、学习、训练体系，对辅导员进行科学的管理和培养，增强职业情感，实施专业自主，促进专业发展，培育专业伦理，提高教学科研水平，提高专业地位与声望，全面有效地履行辅导员职责，引导辅导员向专家化方向发展的过程”[①]。这一论述从专业化的角度进行了定义，对辅导员队伍建设含义的解析变得更加丰富和完整，内容更加清晰和明了，是研究辅导员队伍建设含义的一大突破，但表述上显得略为冗长和复杂，需要继续深入研究。

（二）高校辅导员队伍建设的含义解析

分析和探讨新时期高校辅导员队伍建设的含义，需要对高校辅导员的含义进行必要的分析，才能更好地厘清高校辅导员队伍建设的含义。

1. 辅导员的含义

高校辅导员，是指在高校党委领导下，在院系一线从事大学生日常思想政治教育和管理工作，以提高大学生的思想政治素质和身心素质、

① 唐家良. 高校辅导员队伍专业化建设与成长［M］. 北京：现代教育出版社，2008.

促进大学生全面发展、推进高校发展以及维护高校稳定为目的，具备较高专业素质的在编从业人员。具体分析如下：

（1）从高校辅导员组织属性的角度分析

高校辅导员是“在高校党委领导下开展工作”。与国外学生事务管理者（Counselor）相比，我国高校辅导员具有鲜明的中国特色，深深烙上“思想政治教育”的属性。我国高校人才培养的本质要求就是要培养中国特色社会主义建设事业的建设者和接班人。从这个意义上讲，设置高校辅导员是党和国家巩固党的群众基础和执政根基的重要举措。

（2）从高校辅导员工具属性的角度分析

高校辅导员的工作是在一线开展大学生日常思想政治教育和管理工作。辅导员是高校学生日常思想政治教育和管理工作的组织者、实施者和指导者。大学生思想政治教育是一门科学，既需要系统的思想政治理论课的课堂教育，又需要通过实践活动将思想政治教育的理论知识转化为大学生理想信念和行为取向。这就好比自然科学除了专业课堂教学之外，还需要学生走进实验室进行实践操作，才能更好地获取科学文化知识一样。改革开放以来，部分高校曾一度存在着轻视或忽视思想政治教育的倾向，认为辅导员工作含金量不高，作用价值不大，以至于全社会关心、支持大学生思想政治教育的合力尚未形成。实际上，高校辅导员是大学生思想政治教育主阵地的核心力量。从这个角度讲，高校辅导员是高校思想政治理论教学中的实验课教师，在大学生思想政治教育的价值实现中扮演着不可或缺的重要角色。

（3）从高校辅导员价值属性的角度分析

高校辅导员主要通过开展大学生思想政治教育和日常管理工作提高大学生的思想政治素质和身心素质，服务于学生的专业学习和学校的发展与稳定。

一是高校辅导员能帮助大学生在复杂多变的现实环境中健康成长、顺利成才。随着改革开放的不断深入、国际国内形势的深刻变化，大学生的生活受到了深远的影响。高校辅导员长期生活在一线、工作在基层，与大学生保持亲密的接触和紧密的联系，可以及时了解和掌握学生的思想动态和行为举止，通过发挥辅导员的专业特长与技能，可以有针对性地实施因材施教、分类指导，有效地解决大学生学习生活中的困难，为大学生的健康成长铺平道路。

二是高校辅导员能对大学生的成长产生潜移默化的影响。由于高校辅导员与青年学生接触时间最长、交往最多，辅导员的工作态度、行为举止、人格魅力无不对大学生产生最为直接的影响，可谓“一个好的辅导员会影响一批学生的未来”。相反，如果高校辅导员工作不深入、不到位，不仅会影响学生当前的学习和今后的发展，而且会诱发或激发学生对辅导员的不满情绪，进而很可能转化为对学校、对社会的不满。从这个角度讲，高校辅导员是学校的一张珍贵的“名片”，其工作效果会产生一定的“马太效应”，这对于促进学校的发展、维护学校和社会的稳定具有举足轻重的作用。

三是辅导员有助于推动学校发展，维护学校稳定。辅导员通过开展深入细致的教育、管理与服务工作，促进大学生全面发展，对于实现高校人才培养的功能做出了积极的贡献。当前大学生思想活动的独立性、选择性、多变性和差异性日益增强，辅导员工作的基层性使辅导员能够在第一时间了解学生的思想动态和行为举止，将一些可能潜在的隐患扼杀在摇篮之中，维护学生安全和学校稳定。因此，高校辅导员具有较高的价值属性，不可或缺且不可代替。

（4）从高校辅导员职业属性的角度分析

高校辅导员是通过从事复杂的体力和脑力劳动，获取一定的薪酬，以维系和满足自身或家人生存发展需要的一种职业。从这个角度讲，辅导员应当是高校内部通过劳动获得社会地位和政治地位的有固定收入的从业人员。“辅导员是高等学校教师队伍和管理队伍的重要组成部分，具有教师和干部的双重身份”已经得以明确。那种随便什么人都能胜任辅导员工作的观念正在高等学校改革发展进程中被逐步扭转。专职为主、专兼结合的高校辅导员队伍的建构模式已成为时代主流。这一职业不再是可有可无，而是广大辅导员值得终身从事、大有可为的理想职业。一类职业理应有其特有的专业门槛和职业准入体系。当前，以思想政治教育为主的相关专业应作为职业准入内在的专业底线。思想政治教育是一门科学，只有从业人员具备了开展大学生思想政治教育的理论基础，才能更好地胜任其本职工作。

2. 辅导员队伍建设含义

高校辅导员队伍建设，是指高校等有关组织遵循辅导员成长及其职业发展客观规律，通过提高思想认识、加强领导管理、改进方法措施等组织推动和自身能动，提高辅导员素质，优化队伍结构，增强其育人功能的有意识的社会活动。该定义包含以下几个要点：

一是明确了高校辅导员队伍的建设者。这既包含了高校辅导员队伍建设三个层面的组织——国家、地方等高等教育主管部门和高等学校，又包括高校辅导员队伍自身。之所以强调国家、地方等高等教育主管部门，是因为从宏观的层面上讲，国家教育主管部门是高校辅导员队伍建设的立法机构，具有决策、导向和监督的重要职责。地方教育主管部门是高校辅导员队伍建设中介于国家和高校之间的纽带，负有宣传、组织并实施国家关于高校辅导员队伍建设政策的功能，同时应兼具向上反馈、建议，对下指导、监督等作用。高校是辅导员队伍建设最直接的组织者、实施者，是辅导员队伍建设的执行层。国家、地方的各项政策能否正常落实，关键在于高校，同时高校也是辅导员队伍建设最直接的受益者。根据主体间性理论，高校辅导员队伍自身也是队伍建设的主体，只有充分发挥辅导员自身的主观能动性，才能更好地发展自己，进而推动队伍整体素质的全面提高。

二是提出了高校辅导员队伍建设应遵循的基本原则。高校辅导员队伍建设应遵循辅导员成长及其职业发展的客观规律。从微观层面讲，高校辅导员队伍建设就是为了提高辅导员个体的素质和能力，促进辅导员全面发展。辅导员的培养教育，既遵循人才培养的一般规律，又有其内在的本质要求和特殊的职业发展要求。从宏观层面上讲，辅导员队伍建设要从思想、组织制度和能力等方面加以建设，以提升辅导员素质和能力，不断满足和适应大学生思想政治教育的根本需要。因此，加强辅导员队伍建设就应当按照辅导员自身需求和工作实际，有针对性地实施培养和教育，这就需要按照辅导员的成长及其职业发展的客观规律采取有效措施。

三是提出了高校辅导员队伍建设的措施、方法和途径。组织推动，需要建设主体转变思想观念、提高思想认识，高度重视辅导员队伍建设，为其提供政策导向、制度保障、人力支撑和经费支持等。同时，组织需要采取有效的措施解决辅导员队伍建设中选拔、培训、发展、管理、支撑和评价等环节中存在的实际困难，有效地推动辅导员队伍建设。自身能动性是指高校辅导员在组织推动的背景下，需要充分发挥自身的主体性，按照建立学习型组织和学习型社会的根本要求，自觉主动地结合辅导员工作的实际需要，进行自主学习、自我开发和自我超越，不断提高大学生思想政治教育和管理的能力及工作水平。组织推动和自身能动性两者相辅相成，共同作用，才能更好地促进辅导员队伍素质的整体提高。组织推动是外因，是新时期加强和改进大学生思想政治教育的必然要求，是辅导员队伍建设得以实现的核心要素。自身能动性是内因，辅导员在组织推动的前提下，唯有将辅导员工作视为自己生命的一部分，作为一项可以终生从事的事业来对待，才能更好地扮演好辅导员角色，从而自强不息、奋发进取。

四是明确了高校辅导员队伍建设的目的。加强辅导员队伍建设的目的是提高辅导员素质，优化队伍结构，增强其育人功能。其中，提高辅导员自身素质是队伍建设的基本要求，没有辅导员个体素质的明显提高，就无法实现队伍结构的优化，增强育人功能便无从谈起。优化队伍结构是辅导员队伍建设的关键环节，结构决定功能，合理的队伍结构是辅导员个体功能价值最大化的基本保证。增强辅导员队伍的育人功能是辅导员队伍建设的根本目的。要通过队伍建设提高辅导员的素质和能力。在优化队伍结构的基础上，辅导员能够更好地发挥大学生思想政治教育和管理的育人功能，更好地促进大学生的成长成才和全面发展。

五是指明了辅导员队伍建设是一项有意识的社会活动。活动由目的、动机和动作构成，具有完整的结构系统，而过程是指事物发展所经过的程序。辅导员队伍建设是一项复杂的系统工程，有特定的目标、原则、内容、方法以及对策和措施，从建设的运行程序上讲，包含了队伍的选拔、培训、发展、管理、支撑和评价环节，共同组成了队伍建设的开发体系。由此可见，高校辅导员队伍建设更侧重于有意识的实践活动，而不是一个简单的建设过程。有意识的社会活动阐释了高校辅导员队伍建设的利益关系。加强高校辅导员队伍建设能够实现高校、辅导员队伍和大学生多方共赢的良好局面。因为，学校投入辅导员队伍建设将促进辅导员队伍素质能力的提高，增强育人功能，提高人才培养质量；人才质量的提高反过来又将推动高校的发展。

六是整个定义关照了核心“建设”的本质意蕴。“遵循辅导员成长及其职业发展客观规律”需要在坚持与时俱进的基础之上补充高校辅导员队伍建设的相关内容，比如随着网络技术的发展，一些关于辅导员队伍建设新的制度或政策将不断扩充和创建。同时，“素质提高”“结构优化”和“增强育人功能”回应了“从无到有的创建”以及“对已有对象的补充、完善、巩固和提高”的基本含义。

二、高校辅导员队伍建设的目标

紧密结合党的教育方针和高校人才培养的根本要求，不断满足高校辅导员队伍成长和发展的内在诉求，应当明确高校辅导员队伍建设的目标。高校辅导员队伍建设的目标，是指采取有效措施，建设一支数量充足、结构合理、素质过硬的辅导员队伍，以满足一定时期内大学生日常思想政治教育和管理工作的需要，以及能够为推进高校改革与发展、维护高校和社会稳定做出巨大贡献的辅导员队伍。

（一）数量充足

数量充足，就是高校等辅导员队伍建设组织通过切实采取有效措施，严格按照教育部的规定，配满配足一线专职辅导员，适量补充兼职辅导员，以保证队伍成员在数量上能满足正常开展大学生日常思想政治教育的现实需要。教育部关于1∶200的师生比是经过国内思想政治教育专家和教育部等领导共同研究得出的科学论断，具有一定的科学性和合理性，是当前和今后一段时间内专职辅导员数量配备的红线。

随着高等学校自主办学权力的日益加强，高校领导、人事部门和学生工作部门应该根据教育部《普通高等学校辅导员队伍建设规定》中一线专职辅导员师生比1∶200的要求配备辅导员，以保证高校辅导员队伍的人员数量。当前，部分高校辅导员人员数量配备不足，是对大学生成长和辅导员队伍发展重视不够的表现，这既不利于高校对青年学生的培养和教育，也不利于高校辅导员自身的健康发展。因此，高校领导应从党和国家关于人才培养质量的战略高度和以人为本的辅导员队伍建设理念，高度重视高校辅导员队伍的配备，并采取有效措施补充新的人员，以满足教育部对辅导员队伍配备的基本要求。

保证高校辅导员的数量需要明确以下内容：第一，教育部在配备比例中强调的是“一线专职辅导员”的比例是1∶200，这个比例和数字必须保证和落实。第二，高等学校应充分考虑本校学生群体的实际情况，根据教育对象的学科差异合理设定高校辅导员的岗位编制。一般而言，由于重点本科院校、普通本科院校和高职高专院校的学生素质存在一定的差异，应依次减少辅导员负责的学生人数，适当增加辅导员的编制，比如，应适当减少艺体类等专业的辅导员负责的学生数量。第三，兼职辅导员应作为对专职辅导员队伍的补充。“专兼结合、以专为主”的辅导员队伍建制模式已成为辅导员队伍建设的时代主流。兼职辅导员主要是由高校专业教师、职能部门教师或返聘离退休教师组成，由于现在高校教师工作压力、学习压力和科研压力都相对较大，离退休老师的体力有限，兼职辅导员在某种层面上不能全身心地投入大学生日常思想政治教育和日常管理工作之中。因此，兼职辅导员不适宜负责太多的学生，高校应在考虑办学成本的情况下设置必要的兼职辅导员，但是一般情况下，兼职辅导员负责的学生人数不应超过100人。

确保辅导员的数量，关键是解决编制的问题。因此，各省市和高校在制定高校辅导员队伍发展规划之际，应使辅导员的数量需求与学校学生发展规模相适应，科学设置辅导员岗位，保证辅导员队伍的数量能满足辅导员队伍建设和大学生日常思想政治教育和管理工作的需要。

（二）结构合理

高校辅导员队伍结构，是指队伍内部全体成员的性别、年龄、学历、专业、职称等个体要素特质排列、组合与搭配的逻辑关系、运动方式和存在形态。高校辅导员队伍结构直接影响其功能发挥，关系到高校人才培养的效果和质量。优化高校辅导员队伍结构，既需要在高校辅导员队伍建设的过程中通过科学的选拔、系统的培训和科学的管理等措施加以改善，同时又需要辅导员充分发挥自身的主体性，不断提高思想道德素质、专业知识素质和身心素质，以保证辅导员队伍的性别、年龄、学历、专业、职称等结构的科学性和合理性。

1. 性别结构

高校辅导员队伍性别结构从范围上讲，主要包括国家、省市和高校三个层面男女辅导员的比例和相互关系。相对而言，男性和女性之间在生理、心理和智力等方面各具优势，因此组建一支性别结构合理的辅导员队伍能更好地发挥辅导员队伍的育人功效。优化高校辅导员队伍的性别结构，需要在分析现有队伍男女比例的基础上，在选聘辅导员时将性别作为选拔指标之一，通过对新进辅导员男女比例的控制，逐步调整和优化辅导员队伍的性别结构。一般情况下，辅导员男女比例应控制在4∶6之间较为适宜。但这一范围还需根据学校性质、教育对象男女比例和便于开展大学生日常思想政治教育和管理工作的实际需要进行适当调整。

2. 年龄结构

年龄结构，是指辅导员队伍中不同年龄阶段人员之间的比例构成和相互关系。年龄不仅是辅导员生理和心理素质成熟的重要标志，也是评价辅导员经验和能力的重要参数，它关系到辅导员队伍的功能发挥和协调发展。一般情况下，年长的辅导员见多识广、经验丰富、办事稳重，但是由于生理成长规律的制约，与中青年辅导员相比，他们在体力、精力、接受新事物和工作创新等方面略显不足。年轻辅导员易于接受新鲜事物、勇于创新、精力旺盛，但是存在人生阅历较浅、工作经验欠缺、思想不稳、办事易冲动等不足。中年辅导员更多地是集两者的优势于一身，是高校辅导员队伍中的中坚力量。根据人才学的基本观点，合理的年龄结构，应该是一个具有老、中、青合理比例的梯形模式。优化高校辅导员队伍的年龄结构，需要形成一支老中青数量比例依次递增的辅导员队伍，形成一个三角形的年龄结构模式。其中，老年辅导员应发展成为队伍的核心领军人物，占少数；中年辅导员应成为队伍的骨干力量，数量居中；青年辅导员应成为队伍的生力军和先遣部队，数量居多。充分发挥三者各自的优势和特长，既有利于大学生成长成才，又有利于辅导员个体成长进步和队伍可持续发展。

3. 学历结构

学历结构，是指高校辅导员接受正规教育的年限和层次，具体包含了专科及以下、本科和研究生学历结构。相对而言，高学历、高学位的辅导员更有利于高校人才培养。因为，高学历高学位的辅导员接受事物快、创新意识强、科研能力强，能让大学生产生一种学术和知识上的敬畏，有助于开展辅导员工作。优化高校辅导员队伍的学历结构，既需要在辅导员招聘中提高辅导员学历学位方面的职业准入门槛，着力引进高学历高学位的毕业生，又需要通过继续开展辅导员攻读硕士学位、博士学位等学位提升计划加以改善。高校辅导员应在组织推动的作用下，紧紧抓住继续学习和深造的机会，充分发挥自身主观能动性，在专业知识、学历学位方面能有新的突破和质的飞跃。合理的学历结构，应是研究生学历的辅导员为主导，其中，具有思想政治教育相关专业博士学位的辅导员应占有一定的比例，硕士学位辅导员居于主流位置，本科学历的辅导员比例逐步减少。随着高等教育事业的发展，专科生将逐渐被淘汰。现实之中，高校辅导员队伍的学历学位结构受高等学校的性质、地理位置、经济收入和政策保障等因素所影响。因此，优化辅导员队伍的学历学位结构，需要高等学校加大投入，营造良好的外围环境，通过吸纳人才和继续教育等途径加以改善，逐步优化辅导员队伍整体的学历学位结构。

4. 专业结构

专业结构，是指高校辅导员个体最高学历专业背景之间的差异在队伍中所表现的组合比例。由于社会分工和经济结构的细化，不同专业和学科之间的分化与相互融合日益显著。由于种种历史原因，高校辅导员队伍的专业结构极其复杂，不同专业背景的辅导员从某种意义上讲，或许有利于对不同专业学生的学业指导，但复杂多样的专业背景恰恰也是高校辅导员队伍专业化、职业化和专家化发展的瓶颈所在。根据高校辅导员的工作职责和时代使命，高校辅导员主要承担着大学生日常思想政治教育和管理的责任。因此，合理的专业结构应是以思想政治教育及其相关专业为主体，其他相关学科专业背景的人员作为队伍的有益补充的建构模式。

一方面，具有思想政治教育相关专业背景的辅导员比例太小，不利于队伍建设和高校人才培养。职业成熟的重要标志之一就是拥有专业的科学知识体系。囿于当前没有专门的辅导员学或辅导员工作学等学科专业，思想政治教育相关专业无疑是教育、培养和生产高校辅导员人才队伍最佳的“孵化器”。高校辅导员主要从事日常大学生思想政治教育和管理工作，“思想政治教育是一门科学”，非思想政治教育相关专业的辅导员势必在思想政治教育基础理论的知识储备、思维模式、行为方式上与思想政治教育专业相关学科背景的辅导员存在较大的差距，影响大学生思想政治教育工作的有效开展，影响育人效果。这就好比让一个人文社会科学专业背景毕业的学生去从事高等数学、大学物理教学一样，效果可想而知。

另一方面，复杂多样的专业背景降低了高校辅导员队伍的社会地位，削弱了辅导员队伍自身的职业认同。目前，很多高校在辅导员准入机制上还没有对从业人员的专业背景做出明确的要求，无论什么专业背景的高校毕业生都能从事辅导员工作，无形之中降低了辅导员的准入门槛，给人以辅导员工作是什么人都能胜任的职业假象，是忽视或轻视思想政治教育的一种表现形式，降低了高校辅导员队伍的社会地位。当然，为便于有效地指导学生的专业学习和学生科技活动，可以选拔少数与学生学科专业相对应或接近的辅导员作为以思想政治教育为核心的辅导员队伍的有益补充，但比例不宜太高。

5. 职称职级结构

高校辅导员队伍的职称职级结构，是指对辅导员个体的素质能力、学术科研、业绩贡献等按照一定的评价标准进行等级层次划分，在队伍整体中所呈现的比例结构。一般而言，高校辅导员队伍的职称结构应包括教授、副教授、讲师和初级等职称结构，以及处级、副处级、科级及以下等行政职级结构。当今社会，辅导员队伍的职称、职务是衡量其能力水平、彰显其自身价值和社会地位的重要标志，关系到辅导员队伍的薪酬待遇和发展稳定。

原则上，一所高校内辅导员的职称职级结构的比例应基本与该校专业教师职称职务结构的平均水平相当，这样才能体现对辅导员队伍应有的尊重和肯定。优化高校辅导员队伍的职称职务结构是保证队伍稳定和解决辅导员队伍可持续发展的重要途径，是激励高校辅导员自强不息、奋发进取的不竭动力，对于提高辅导员队伍的政治地位、经济收入和社会认同度以及培养高校辅导员队伍的核心领军人物都具有极其重要的现实意义。当前，不少高校缺少教授级辅导员，鲜有副教授级辅导员，讲师及以下的占了绝对比例，这显然不利于辅导员队伍的建设和发展。因此，高校应在坚持以人为本、尊重知识、尊重人才、尊重劳动、尊重创造的前提下为高校辅导员创造改善职称职级评定的政策和环境，逐步造就并增加具有较高层次职称职级的辅导员，不断优化辅导员队伍的职称职务结构。

（三）素质过硬

素质过硬，是指高校辅导员队伍自身的思想政治素质、专业知识素质和身心素质能较好地满足和胜任大学生日常思想政治教育和管理工作的实际需要。辅导员队伍素质过硬是队伍建设的核心所在，其素质直接关系到青年学生培养的质量和效果。加强高校辅导员队伍建设，需要辅导员具备过硬的思想政治素质、扎实的专业知识素质以及和谐健康的身心素质。

1. 思想政治素质过硬

过硬的思想政治素质是新时期高校辅导员开展工作的重要条件和内在的职业要求。高校辅导员队伍的思想政治素质，主要包括思想素质、政治素质和道德素质。其中，思想素质是先导，政治素质是核心，道德素质是保障，彼此相互促进，相互制约。

首先，思想素质过硬。辅导员的思想素质主要是指辅导员的世界观、人生观和价值观以及辩证的思维方式的内在综合，是辅导员开展大学生日常思想政治教育和管理的本质基础和行为先导。作为以马克思主义为指导思想的社会主义国家，我国高校辅导员队伍的思想素质过硬，就是要求辅导员能够正确运用辩证唯物主义和历史唯物主义的基本观点认识世界和改造世界，为其有效地开展辅导员工作提供正确的思想观念和行为意识。其中，世界观总是处于最高层次，对理想和信念起支配作用和导向作用。同时，世界观也是个性倾向性的最高层次，它是人的行为的最高调节器，制约着人的整个心理面貌，直接影响人的个性品质。世界观决定辅导员的人生观和价值观；人生观是对人生的意义和目的的根本观点。作为高校党委领导下开展工作的辅导员，应坚持把无产阶级和人民群众的集体利益放在首位，把大公无私、舍己为人、全心全意为人民服务视为人生的根本意义和价值，把实现社会主义和共产主义理想视为人生最高的目标；价值观是指一个人对周围客观事物（包括人、事、物）的意义、重要性的总体评价和总的看法，一方面表现为价值取向、价值追求，凝结为一定的价值目标；另一方面表现为价值尺度和准则，成为人们判断事物有无价值及价值大小的评价标准，它属于个性倾向性范畴。高校辅导员必须具备比一般人更加过硬的思想素质，通过各项工作的开展和与青年学生的朝夕相处，以自身科学、正确的思想影响和熏陶青年学生。

其次，政治素质过硬。政治素质是辅导员作为一个政治角色，对自己所承担的政治义务和所享受的政治权利的理解、把握、反映和行动等情况的总和，说到底是辅导员政治意识和政治行为的统一。辅导员制度作为当今中国高等教育所特有的一种制度，是执行党的教育方针的重要保障，这既是巩固国家政权的有效措施，又是人才培养的重要保证，是高校辅导员队伍存在的价值所在。高校辅导员必须具备正确的政治方向、坚定的政治立场、科学的政治观点、严明的政治纪律，在意识形态领域内始终保持良好的政治鉴别力和政治敏锐性，正确引导青年学生健康成长。理论上成熟是政治上成熟的基础，需要广大辅导员自觉主动地学习贯彻中国特色社会主义理论体系，自觉同党中央保持高度一致，坚决执行和贯彻党的路线、方针、政策。辅导员应在国际交流交融交锋中始终坚持中国共产党的领导，增强文化自觉和文化自信，坚持马克思主义在意识形态领域的指导地位，用社会主义核心价值观引领时代主旋律；正确认识、理解改革发展中存在和面临的突出困难及潜在风险，自觉维护党和国家的尊严威信，共同维护高校和社会的稳定，风清气正地团结和引领广大青年学生，永远跟党走，不断增强其爱国主义、集体主义精神，坚持中国共产党的领导、坚持社会主义、共产主义理想信念。

最后，道德素质过硬。道德是社会意识形态之　，是依靠社会舆论、人们的内心信念和传统习惯来调整个人与个人、个人与集体、集体与集体之间关系的行为准则和规范的总和。事实上，良好的道德素质是高校辅导员构建和谐人际关系的前提，也是有效地开展工作的基础。一方面，高校辅导员要与学校教职员工保持交流与沟通，获悉大学生学习、生活等方面的信息。另一方面，辅导员与大学生朝夕相伴，能够对大学生实施有效的隐性教育。辅导员道德素质的核心就是教书育人、立德树人，通过言传身教，充分发挥自身的道德示范作用，塑造和净化青年学生的灵魂，让大学生在耳濡目染中得到熏陶，接受教育。辅导员要满怀对青年学生的无限关爱，树立崇高的职业理想和坚定的职业信念，把全部精力和满腔真情献给教育事业，关心每一位学生的成长进步，以真情、真心、真诚教育和影响学生，对学生施以最生动、最具体、最深远的教育。

2. 专业知识素质扎实

专业知识素质是高校辅导员有效地实施大学生日常思想政治教育和管理工作的理论锐器，是推动辅导员队伍专业化发展的重要基础和保障，决定着辅导员的工作质量、发展效益和人生价值。高校辅导员工作的特殊性，需要其具备坚实的基础理论知识、扎实的专业知识和广博的相关知识。

首先，坚实的基础理论知识。马克思主义是我国立党立国的根本指导思想，是社会主义意识形态的旗帜和灵魂，是社会改革、建设和发展的理论武器，也是高校辅导员有效地开展大学生日常思想政治教育和管理工作的理论基础。辅导员要通过系统深入的学习，坚持以马克思主义为指导，整合和引导社会思潮和文化追求，正确把握文化发展方向，最大限度地形成思想共识，凝聚人心，形成建设中国特色社会主义的巨大动力。坚定中国特色社会主义共同理想，就能使全国人民、全体中华儿女汇成振兴中华的滚滚洪流，使中华民族伟大复兴的道路越走越宽阔。大力弘扬民族精神和时代精神，就能不断丰富中华民族团结奋进、自强不息的精神内涵，激励全体人民为振兴中华努力奋斗。要旗帜鲜明地宣传和倡导社会主义荣辱观，在全社会形成知荣辱、讲道德、守法纪、促和谐的文明风尚，为中国特色社会主义事业提供强大的思想道德支撑。高校辅导员只有深刻领会和运用党和国家关于教育、科技、人才等的政策指导自己的实践工作，自觉主动地运用社会主义核心价值观引领时代风尚，才能在意识形态领域始终保持清醒的头脑和正确的方向。

其次，扎实的专业知识。辅导员缺少专业学科的支撑是一个不争的事实，虽然有人主张建立辅导员学，但是当前思想政治教育专业无疑是辅导员开展工作最有力、最核心的专业知识。那种主张以学生事务管理、心理辅导或职业规划等取代思想政治教育的主张是错误的，现实中辅导员事务性工作过分挤占大学生思想政治教育的做法是危险的。事实上，辅导员工作必须以大学生日常思想政治教育为核心，这是党和国家赋予高校辅导员最为重要的历史使命，其他各项工作都只是辅导员开展大学生日常思想政治教育的必要补充和手段。坚持理论与实践相结合、运用科学理论指导实践是教书育人的根本原则，因此，辅导员必须系统扎实地掌握思想政治教育学科的专业知识，如思想政治教育史、思想政治教育学原理、思想政治教育方法论和思想政治教育管理学等专业基础知识。除此之外，辅导员还要与时俱进，及时了解和掌握当前思想政治教育领域发展的前沿问题，积极开展调查研究，将专业知识淋漓尽致地运用到学生的教育、管理与服务之中。

最后，广博的相关知识。我们说思想政治教育专业知识重要，但是并不排除其他相关知识对辅导员科学文化素质的有益补充，素质良好的辅导员必须具备广博的相关知识。一方面，辅导员工作内容的复杂性、教育对象的多样性、社会环境的多变性需要辅导员一专多能，只有这样才能更好地教育、管理和服务青年学生，才能胜任辅导员工作。另一方面，思想政治教育学本身是一门多学科交叉的应用型学科，它广泛吸收了与思想政治教育学有着密切联系的教育学、管理学、心理学、社会学和伦理学等相关学科的理论成果，开展大学生思想政治教育势必需要相关学科知识的有益补充。知识渊博的辅导员对学生有着天然的震撼作用，会全面激发青年学生对辅导员的敬畏之心、效仿之行。因此，除临近的相关学科知识以外，辅导员还应对经、史、法、美、文等学科知识有所了解。除此之外，坚持思想政治教育与业务工作相结合是辅导员开展工作的一项基本原则，与学生建立共同的话语体系是拉近师生关系的必要准备。因此，辅导员不仅要较为熟练地掌握教育对象所学的专业知识，还要具备一定的媒介素养和网络运用的知识。

3. 健全的身心素质

对高校辅导员而言，健康素质主要包括了身体、心理和卫生等方面内容。辅导员工作是一项复杂的体力劳动，又是一项复杂的脑力劳动。辅导员需要以健康的身体素质和良好的心理素质为依托，这样才能更好地完成辅导员工作的神圣使命。

（1）健康的身体素质。健康的身体素质是指人类各项生理机能和谐相处，各项生理功能可以正常运作，是思想政治素质和科学文化素质的载体，是人类其他各项素质的基础。由于当前高校辅导员工作职责界限模糊，导致辅导员工作压力大、工作时间长。加班加点的工作需要健康的体魄、旺盛的精力。只有拥有健康的身体素质，才能充分施展辅导员的思想政治素质和科学文化素质，发挥立德树人的育人作用。

（2）良好的心理素质。心理素质是指人在感知、思维、观念、情感、意志、兴趣等多方面心理品质上的修养，它是一个内容非常广泛的概念，涉及人的性格、兴趣、动机、意志、情感等多方面的内容。良好的心理素质是高校辅导员的必备条件，也是开展大学生日常思想政治教育不可或缺的心理准备。辅导员要在与青年学生相处的现实生活之中，以敏捷的思维、积极的心态、稳定的情绪、丰富的情感、和蔼的性格、高雅的气质、明确的自我意识、广泛的兴趣爱好和坚强的意志品行对待生活和工作影响、感化学生，才能游刃有余地应对各种纷繁复杂的学生工作。知识经济时代的到来加快了现代人生活的节奏，要立足于竞争激烈、信息爆炸的现实社会，高校辅导员承受着来自各个方面的挑战和压力。工作中时常会遇到学生的意外事件，偶尔会遭到领导的责难、同事的误会、学生的误解，生活中也可能会遇到经济拮据、爱情失意、情感受挫等现实问题，这都需要辅导员以良好的心理素质应对和破解。

第二节 高校辅导员队伍建设的原则与内容

一、高校辅导员队伍建设的原则

原则是指说话、行事所依据的准则。高校辅导员队伍建设有其独特的内在规律和基本原则。在新的时代背景下，应该坚持以人为本、统筹兼顾、实事求是的原则，全面推进高校辅导员队伍建设。

(一) 以人为本的原则

坚持以人为本的原则，是指在高校辅导员队伍建设的全过程中，将辅导员作为建设的出发点和最终归宿，尊重辅导员的主体价值，满足辅导员的根本利益，促进辅导员的全面发展，实现辅导员与高校的共同发展。坚持以人为本是辅导员队伍建设的根本价值取向和核心所在，需着重提高辅导员队伍建设的思想认识。

1. 尊重高校辅导员的主体价值

坚持以人为本，必须尊重高校辅导员的主体价值，提高辅导员队伍建设的思想认识。高校辅导员队伍是大学生思想政治教育的主体之一，关系到青年学生健康成长成才，对于促进高校改革和发展具有重要的价值。辅导员队伍建设者要充分肯定和高度认可辅导员的社会价值和育人作用，自觉将加强高校辅导员队伍建设统一到中央的决策上来，转变思想认识、创新体制机制，采取有效措施，着力提升辅导员的素质能力，提高其工作水平，增强育人效果。高校辅导员的劳动贡献关系到如何培养人、培养什么人和为谁培养人，关系到我国现代化建设的后继者。因此，需要避免只重视科研、教学等硬实力建设，削减人文、思想等文化软实力投入，只重视科研、教学队伍建设，轻视辅导员队伍建设等不良倾向。

尊重辅导员的主体价值就是要尊重辅导员的劳动成果和社会价值，

提升辅导员的社会认同，满足辅导员的客观需求，保障辅导员的切身权益。要像重视学术骨干一样重视辅导员的选拔、培养和发展，让其干事有平台、生活有保障、发展有空间。应始终关注辅导员的需求，关注他们的生活世界和精神世界，把辅导员的工作实际与发展诉求作为制定政策的依据和重要内容。应注重辅导员的个性化发展，给他们独立发展的自由空间，尊重辅导员的独立人格、需求、能力差异，用人性化的标准对辅导员进行全方位评价和考核。要全面激发和调动辅导员的主动性、积极性和创造性。

2. 满足高校辅导员的根本利益

利益是关系范畴，指的是人与人之间对需求对象的分配关系，是人类社会发展的最终动力。从哲学上讲，利益是利益主体对客体价值的肯定，它反映客体满足主体的某种需要。坚持以人为本，必须满足高校辅导员的根本利益，协调高校辅导员的利益关系，满足其物质和精神方面的需求。要提高辅导员生活质量和幸福指数，就要不断实现好、维护好、发展好广大辅导员的根本利益。

第一，要协调高校辅导员的利益关系，尊重辅导员的合法权利。处理好利益关系，是高校辅导员队伍建设的根本和保障。正确处理好辅导员的利益关系是辅导员潜心教书育人的原动力和队伍建设的根本要求。强调以人为本，需要坚持历史唯物主义的基本立场和观点，既要鼓励和提倡辅导员无私奉献、甘于淡泊，又不能以牺牲辅导员正当的合法的利益为代价。尊重辅导员的社会价值和主体地位，要按照发展为了人民、发展依靠人民、发展成果由人民共享的利益原则，去满足辅导员的物质和精神生活的客观需要。广大辅导员要正视自己的工作价值和重要作用，正确处理个人利益与他人利益、社会利益的关系，按照社会主义共同理想的基本要求，更加自觉地追求进步、提升自我，更大限度地发挥大学生思想政治教育的育人作用，用实际行动证明自我，赢得社会的肯定和认同。

第二，要满足高校辅导员的物质需求，提高辅导员的生活质量。尊重高校辅导员的主体价值，是因为辅导员在人才培养，促进高校改革、发展和稳定做出了积极的贡献，取得了显著的成绩。在坚持按劳分配的原则下，应当满足高校辅导员的物质利益。高等学校要根据实际，将辅导员、班主任的岗位津贴等纳入学校内部分配体系统筹考虑，确保辅导员、班主任的实际收入与本校专任教师的平均收入水平相当。因此，需要不断满足辅导员正当的物质需求，提高其生活质量。学校还应制定相应政策，加大对高校辅导员队伍建设人力、财力和物力的投入，加强辅导员的培养培训和对外交流，提升辅导员的素质能力；根据辅导员的任职年限和工作实绩确定相应级别的行政待遇和职称评聘，确保辅导员发展有空间。同时，在住房问题、办公条件等方面应加大投入，为辅导员的工作生活提供必要的保障，不断提高辅导员的生活质量。

第三，应满足高校辅导员的精神诉求，提高辅导员的幸福指数。坚持以人为本，必须关注高校辅导员的精神生活和幸福指数。要体现社会主义的人道主义和人文关怀，满足人们的发展愿望和多样性需求。一方面，要加强高校辅导员的科学文化知识教育。高校辅导员队伍建设者要充分认识“只有了解人类创造的一切财富以丰富自己的头脑，才能成为共产主义者”。不断加强高校辅导员队伍的组织文化建设，营造辅导员队伍发展的良好环境，发挥辅导员的聪明才智，增强组织凝聚力、向心力，培植共同的理想信念。另一方面，要着力提升辅导员的思想道德素养。思想道德是精神文明建设的灵魂，是“经济工作和其他一切工作的生命线”，决定着我国社会主义精神文明建设的性质和方向，对社会的政治经济发展具有巨大的能动作用。当前，需要以社会主义核心价值观和宏伟中国梦统领辅导员队伍的思想道德建设，努力在全社会形成统一的指导思想、共同的理想信念、强大的精神力量和基本的道德规范。要坚持马克思主义指导思想，将其作为统领辅导员思想、行为的灵魂、指导思想和精神旗帜，坚持中国特色社会主义共同理想；坚持以爱国主义为核心的民族精神和以改革创新为核心的时代精神。以社会主义荣辱观为行为准绳，帮助辅导员树立正确的世界观、人生观和价值观，磨炼意志、汇聚力量、振奋精神，使其以满腔的热情和对党和人民的无限忠诚，爱岗敬业、潜心育人，全心全意地为学生服务，将自身价值实现与人才培养、高校以及社会改革、发展和稳定紧密联系，实现个人和社会的共同发展。

3. 促进高校辅导员全面发展

高校辅导员队伍建设坚持以人为本，就是坚持人的自然属性、社会属性和精神属性的辩证统一，以尊重、关心、理解和支持辅导员事业的发展为基础，重视辅导员自身的成长和全面发展。

辅导员作为提高大学生人才培养，促进高校改革、发展、稳定的一支不可或缺的重要力量，应当具有"自由而全面"发展的权利和条件。由此可见，马克思主张每一个人都无可争辩地有权全面发展自己的才能，任何人的职责、使命、任务就是全面地发展自己的一切能力，更好地实现自由而全面的发展，而不是每一个人都只能发展自己才能的某一方面而偏废了其他各方面。因此，加强高校辅导员队伍建设，应将目光聚焦在辅导员自身的发展之上，需要通过组织培训提高辅导员的素质能力，以创新体制机制为辅导员发展营造良好的环境、搭建发展平台、提供发展空间，从而使社会的每一个成员都能完全自由地发展和发挥他的全部才能和力量，从而保证他们的体力和智力获得充分自由的发展和运用。

纵观高校辅导员队伍工作的现实境遇，不同程度地存在着队伍缺编、辅导员工作时间长、劳动强度大、心理压力重等现实问题，缺乏高校辅导员全面发展的条件。应积极倡导给每一个人提供全面发展和表现自己的全部能力即体能和智能的机会。因为人的全面发展是经济社会发展的根本目的，离开了人的全面发展，经济社会发展就失去了目标和动力。事实上，只有在所有人为了大家也为了自身全面的发展而进行劳动和创造的条件下，为了社会所有成员的全面发展的经济基础和社会基础才能建立起来。所以，只有不断促进高校辅导员的全面发展，才能通过发挥他们的聪明才智和独特的人格魅力对大学生进行思想政治教育、管理和服务，让他们在自我约束、自我设计、自我创造中实现职业价值。

（二）统筹兼顾的原则

统筹兼顾的原则，就是在高校辅导员队伍建设中要坚持总揽全局、科学筹划、协调发展的建设准则。坚持在党的领导下，不断加强高校辅导员队伍建设的组织领导，使高校辅导员队伍建设能够全面、协调和可持续发展。

1. 统揽全局

统筹兼顾是坚持科学发展观的根本方法，是高校辅导员队伍建设必须遵循的行为范式。高校辅导员队伍建设是一项系统工程，关系到不同的利益主体，涉及方方面面，需要按照统筹兼顾、全面协调的原则加以建设。统筹兼顾就是要把辅导员队伍纳入到高校人才队伍开发之列，辅导员队伍建设主体要从高校发展的战略全局和人才培养的战略高度，用全面的而不是片面的、联系的而不是孤立的、发展的而不是静止的观点对待高校辅导员队伍建设。正确把握当前辅导员队伍建设中存在的突出问题，客观分析存在问题的内在原因，在科学发展观的指导下积极探寻辅导员队伍建设的措施和方法，不断满足辅导员队伍的切身利益。在统筹兼顾的原则下，优化辅导员队伍结构、提升辅导员队伍素质、增强辅导员队伍能力，促使辅导员队伍健康和谐地发展。要把辅导员队伍建设与学校教学、科研队伍建设放在同等重要的位置，统筹规划，统一领导，处理好专任教师、管理人员与辅导员的关系，努力形成大学生思想政治教育的合力。

2. 科学规划

规划就是指制订比较全面的、客观的和长远的发展计划，是对未来整体性、长期性、基本性问题的思考并设计未来行动的具体方案。为此，高校在辅导员队伍的选拔、配备、培养和退出等方面应有基本的、统筹的指导方针、战略目标和总体部署，要有条不紊、系统地推进。科学规划就是让广大辅导员深刻认识到“工作有平台、生活有保障、发展有空间、事业有方向”，这不仅有利于高校教师队伍建设的整体推进，而且可以使广大辅导员看到自身职业发展的美好前景，科学规划自己的职业生涯，有助于激发广大辅导员的工作热情和昂扬斗志，增强育人效果。

3. 协调发展

科学发展观的第一要义是发展，“发展才是硬道理”是中国共产党历史经验的总结。高校辅导员队伍建设应坚持协调发展，既关注眼前的现状，又要着眼于未来的发展；既要关注世界或全国范围内高校辅导员队伍建设的情况，又要认识本地区、本校辅导员队伍建设存在的不足，坚持可持续发展战略；坚持以高校辅导员队伍专业化、职业化和专家化发展为导向，切实解决好辅导员队伍职业发展中的障碍和瓶颈问题。现实中辅导员队伍的评价考核、激励保障、职称评定和职务晋升必须始终坚持统筹发展的指导原则。

（三）实事求是的原则

坚持实事求是的原则就是在高校辅导员队伍建设中，从队伍建设的实际对象出发，探寻辅导员队伍建设的内部联系及其发展规律性，全面认识队伍建设的本质。加强高校辅导员队伍建设同样需要坚持实事求是的根本原则。坚持实事求是的原则，需要坚持解放思想、贴近实际、理论联系实际和与时俱进。

1. 解放思想

解放思想是实事求是的内在要求和前提，加强高校辅导员队伍建设，需要提高思想认识，解放思想、与时俱进地处理辅导员队伍建设和发展中存在的各种问题。因此，坚持解放思想，就需要克服、避免束缚高校辅导员队伍建设的思想桎梏，按照与时俱进的要求，紧密结合当前党和国家对辅导员赋予的时代使命和殷切希望，按照辅导员自身和辅导员职业发展的内在要求以及青年大学生成长成才的需要加以建设。在不断满足辅导员物质文化需求的同时，使辅导员发挥更好的育人作用。

2. 一切从实际出发

一切从实际出发，就是从客观事物存在和发展的规律出发，在实践中按照客观规律办事。一切从实际出发是实事求是的基础，是有效推进高校辅导员队伍建设的根本保证。一方面，高校辅导员队伍面临的工作环境和社会环境发生了显著的变化。辅导员肩负着重要的历史使命，其工作职责和工作内容也在不断增加。随着社会环境的变化，教育对象呈现出鲜明的个性特点，一些大学生不同程度地存在政治信仰迷茫、理想信念模糊、价值取向扭曲、诚信意识淡薄、社会责任感缺乏、艰苦奋斗精神淡化、团结协作观念较差、心理素质欠佳等问题。这些变化加大了辅导员的工作强度和难度。随着党和国家对高校辅导员队伍建设越来越重视，专兼结合、以专为主的建制模式需要关注辅导员的发展和出路。当前和今后一段时间，应当按照专业化、职业化和专家化的要求不断加强辅导员队伍建设，以满足辅导员队伍建设和大学生思想政治教育的现实需要。另一方面，需要通过广泛深入的调查研究，掌握当前高校辅导员队伍建设现状。只有通过调查研究，全面准确地掌握高校辅导员队伍建设取得的成绩、存在的不足，为党和国家制定辅导员队伍建设的各项政策提供一手材料，才能有针对性地采取有效措施，不断加强辅导员队伍建设。一切从实际出发，就是要贴近辅导员队伍建设的实际，政策制度的制定要贴近实际，对策措施的实施要贴近实际，做到有的放矢、对症下药。从全国范围讲，各省市、各高校辅导员队伍建设发展不平衡，辅导员的素质能力还存在较大差异。因此，需要按照一切从实际出发的原则，认真学习领会党和国家关于辅导员队伍建设的政策要求，紧密结合自身实际，切实转变思想认识，加大投入力度，采取有效措施，致力于辅导员队伍建设。

3. 理论与实践相结合

理论联系实际，体现了认识与实践相统一、矛盾的普遍性和特殊性相联结的马克思主义认识论和辩证法。理论联系实际，是在高校辅导员队伍建设中贯彻实事求是思想路线的根本途径和方法。坚持理论联系实际，就是应用马克思列宁主义的立场、观点、方法，对高校辅导员队伍建设实际进行认真研究，正确地分析研究辅导员队伍建设取得的成绩、存在的困难和问题，从中总结规律，作为行动的向导。需要在调查研究的基础上加强高校辅导员队伍建设的理论创新，用科学的理论指导辅导员队伍建设。

高校辅导员队伍建设是思想政治教育队伍建设最为重要的组成部分，需要运用科学的理论加以指导，为政策制定、对策实施提供理论保障。因此，需要在辅导员队伍建设的历史回顾和现实实践中加以总结分析，探寻适应辅导员队伍建设的理论源泉。加强辅导员队伍建设的理论创新，需要坚持与时俱进的理论品质，敢破敢立，推陈出新。

二、高校辅导员队伍建设的内容

（一）思想建设

思想是行为的先导，加强高校辅导员队伍建设，其前提是要解决对高校辅导员队伍建设的思想认识问题。只有加强辅导员队伍建设者和辅导员队伍自身的思想建设，才能从根本上实现辅导员队伍建设的目标。

1. 加强高校辅导员队伍建设者的思想建设

高校辅导员队伍建设者是指辅导员队伍建设的主体，包括建设的组织机构和领导人员。从组织层次上讲，主要包括教育部、省市教育主管部门和高校三个层面。高校辅导员队伍建设者是辅导员队伍发展规划、制度政策等的制定者和落实者，是辅导员工作开展的指引者，是辅导员队伍发展的引领者。高校辅导员队伍建设者应根据高校辅导员队伍建设的现实状况和实际需求，在政策、制度、经费、保障、监督等方面采取有效措施，把高校辅导员队伍建设作为加强和改进大学生思想政治教育过程中的关键环节抓好。

2. 加强高校辅导员自身思想建设

高校辅导员队伍建设需要建设主、客体相互作用和共同努力，才能更好地实现队伍建设的目标和任务。新时期，转变高校辅导员队伍建设者的思想观念，加强高校辅导员队伍建设的组织推动只是高校辅导员队伍建设的外在因素，关键还需要充分发挥高校辅导员队伍自身的主体性。一方面，需要辅导员正确认识自身工作在高校人才培养中的重要价值和现实意义，自觉增强教书育人的使命感和责任感。作为一名在岗在任的辅导员，应当热爱辅导员工作，把学生的发展和进步视为实现自身人生价值的重要阶梯，自觉增强职业认同感和组织归属感；另一方面，需要高校辅导员自觉增强大学生日常思想政治教育和管理工作的能力和水平，通过参加各级培训、申报研究课题和自我学习、自我教育等方式增强自身的理论素养，提升自己的思想道德境界，注重在工作实践中反思总结提高，增强育人本领和工作技能。

（二）能力建设

能力是以人的生理和心理素质为基础，在认识和实践活动中形成、发展的完成某种任务的能动力量，是体力和智力的有机结合、物质和精神的动态统一。从某种意义上说，能力是素质在一定条件下的外显。高校辅导员工作作为高校人才培养的一种重要途径，有其内在、特殊的能力要求，更具工作职责的需要。高校辅导员的能力主要包括学习能力、创新能力、教育能力和管理能力。

1. 学习能力

高校辅导员的学习能力是指辅导员通过阅读、思考和研究等途径，获取辅导员工作所需要的知识与技能。广大辅导员要在工作和学习中运用已有的知识储备，以快捷、简便、有效的方式获取知识、信息，从而改变已有知识结构，提高自身综合素质。新时期高校辅导员工作的职责和内容不断扩展，教育对象的需求日趋多样化，这需要高校辅导员与时俱进，不断通过自我教育、自主学习、自我提高提升育人本领和工作水平，以便更好地胜任辅导员工作。高校辅导员学习能力的强弱直接关系到其工作效果和自身社会地位与声誉。在大力构建学习型社会的时代，高校辅导员必须加强学习，努力弥补和提高大学生日常思想政治教育和管理工作的能力，在教育、管理、服务中做好育人的本职工作。高校辅导员只有通过不断学习，紧跟时代步伐和教育对象的变化节奏，才能科学、有效地培养社会主义的建设者和接班人。通过学习，在自身理论素养不断提高的过程中由事务型辅导员向知识型、能力型和科研型辅导员转变，为辅导员队伍的专业化、职业化发展奠定基础。

2. 创新能力

高校辅导员的创新能力，是指通过调查、分析、实验等研究方法，在理论和实践上从事创造活动的能力。它包括创新意识、创新思维和创新技能等三部分，其核心是创新思维，具体表现为思想理论的重大突破、方式方法的重大创新。对高校辅导员而言，创新能力主要包括理论创新能力和实践创新能力两个方面的内容。在理论创新上，高校辅导员要在具备扎实的科学文化素质的基础上，紧密联系学生工作的客观实际和大学生身心发展的客观规律，对思想政治教育、心理健康教育、职业规划教育和学生事务管理等内容进行探讨，通过课题研究、撰写学术论文等方式，探索新的教育方法和教育规律，在科学理论的指导下开展实践工作，丰富思想政治教育的理论基础，逐步从经验型辅导员向研究型辅导员转变。在实践创新方面，高校辅导员要紧密结合学生的实际需要和学校发展的中心任务，在因材施教、个性化教育的基础上，依托有利的社会资源和个人能力，丰富教育内容、拓展教育渠道、创新教育方法、延展教育阵地，扎实推进大学生思想政治教育和管理工作，增强教育的宣传力和感染力。

学习能力是创新能力的基础和前提，创新能力是学习能力的归宿和价值体现，学习中孕育着创新，创新中蕴含着学习。高校辅导员的学习创新能力是辅导员能力结构中最基层、最本质和最核心的能力，是高校辅导员教育管理能力和服务领导能力能否有效彰显的基础。

3. 教育能力

高校辅导员是教师队伍的重要组成部分，必须掌握相应的教育方法，懂得相应的教育规律，具备相应的教育能力。

教育能力有狭义和广义之分。狭义的教育主要指辅导员根据一定的社会要求，有目的、有计划、有组织地对受教育者的身心施加影响，把他们培养成为社会所需要的人的活动。事实上，很多高校辅导员承担着形势与政策、心理辅导和职业生涯等课程的教学工作，具有鲜明的政治特性和育人属性，理应归为教师队伍。因此，高校辅导员需要具备必要的课堂教学能力。

广义的教育是指辅导员通过与学生朝夕相处，增进大学生的知识和技能，影响大学生思想品德的活动。高校辅导员与学生朝夕相处，通过开展思想政治教育、心理辅导、职业指导、事务管理等工作，有针对性地开展个性化指导、教育和管理，帮助广大学生树立科学的世界观、人生观和价值观，坚定社会主义共同理想，忠于党的领导和社会主义现代化建设事业，化解青年学生在求学中所遇到的思想困惑、心理困顿和职业迷茫，使青年学生在思想道德素质不断提高的过程中更好地学习科学文化知识，增进知识技能。

4. 管理能力

管理是组织中维持集体协作行为延续发展的有意识的协调行为。高校辅导员的管理能力是指在高等教育的条件下，辅导员对其所拥有的资源（人力、物力和财力等资源）进行计划、组织、领导、控制和协调，以有效实现人才培养目标的能力。由于工作性质和高等学校的学生工作模式，辅导员工作在很大程度上涉及对青年学生的管理，因此，辅导员必须具备一定的管理能力，方能胜任本职工作。具体而言，高校辅导员的管理能力主要包括决策判断能力、分析鉴别能力、协调沟通能力、执行控制能力和反馈校正能力。

（三）制度建设

制度管根本，管长远，是一个具有根本性、稳定性和长期性的关键问题。着眼于制度建设是高校辅导员队伍建设的重要保障。加强高校辅导员队伍的制度建设，需要注重政策制度的连贯性与稳定性，不断加以完善；坚持与时俱进和贴近实际，不断建立与之相适应的新制度。

1. 完善现有制度

改革开放以来，党和国家高度重视辅导员队伍建设。在教育部的领导下，积极地组织专家学者制定了一系列高校辅导员队伍建设的制度和政策，有力地推动和保障了我国高校辅导员队伍建设。各地各高校认真学习、深刻领会、严格执行、开拓创新，紧密结合辅导员队伍建设的政策文件和自身实际制定和出台了相应的制度，有力地推动了辅导员队伍建设。和国家宏观经济政策一样，高校辅导员队伍建设的政策文件要保持一定的稳定性，防止大起大落，但决不能矫枉过正，用刻舟求剑的思想待之，需要在中长期规划的指导下，坚持与时俱进的修订和完善辅导员队伍建设的相关制度，以满足队伍建设的发展需要，解决辅导员队伍建设和发展中存在的问题。当前，我国在高校辅导员队伍制度建设方面明确了辅导员队伍的工作职责，在辅导员的选拔、培训、发展和管理等方面都有了相应的政策要求。但随着辅导员队伍建设的实际情况和辅导员自身的发展需要，应当继续深入研究高校辅导员的工作职责，明确其职责界限；继续深入研究和制定辅导员队伍的选拔、培养、发展和管理等方面的制度，不断完善现有制度，使其为科学指导和有力保障辅导员队伍建设和维护辅导员权利做出积极的贡献。

2. 建立新的制度

加强高校辅导员队伍的制度建设，不仅需要完善现有制度，而且需要坚持与时俱进和贴近实际的原则，不断建立新的制度，以更好地满足辅导员队伍建设的现实需要。

第一，建立适应新形势下辅导员队伍建设工作的领导管理体制。高校辅导员队伍建设与管理体制受传统观念的束缚，管理手段弱化，工作职责领域边界模糊，考核评价缺乏科学，培养与发展缺少系统性、全局性和发展性研究，高校辅导员队伍的工作支撑体系不健全。归根结底，这些问题都与高校辅导员队伍建设的体制和机制有关，需要继续深入研究，为辅导员队伍建设提供政策保障和制度指导。

第二，建立高校辅导员队伍建设的评价制度。我国高校辅导员队伍建设发展不平衡，其关键在于缺少科学的评价制度。全面推进高校辅导员队伍建设固然需要有科学的理论予以指导，但更需要相关的政策和制度加以保障。不过，任何好的政策和制度若不付诸实践，在现实中加以贯彻执行，都必将是一纸空文，形同虚设，不能产生任何实际的效益。因此，需要建立辅导员队伍建设的评价制度，以保证高校辅导员队伍建设各项政策、文件和制度贯彻执行的力度。当前，学术界和理论界在高校辅导员队伍建设方面更多地关注高校辅导员工作考核评价，却鲜有人研究队伍建设的考核评价。因此，应在借鉴和参考教育部关于全国高校辅导员队伍培训研修基地考核体系的基础上，从高校辅导员队伍建设的思想认识、组织领导、体制机制和建设效果等方面统筹规划，建立高校辅导员队伍建设的评价制度。

第三章　高校辅导员队伍建设的对策

第一节　提升高校辅导员队伍建设的思想认识与领导管理

一、提升高校辅导员队伍建设的思想认识

思想是行为的先导，加强高校辅导员队伍建设，其前提是要解决关于高校辅导员队伍建设的思想认识问题。只有加强辅导员队伍建设者和辅导员队伍自身的思想建设，才能从根本上实现辅导员队伍建设的目标。

（一）提高高校辅导员队伍建设者的思想认识

从层次上讲，高校辅导员队伍建设者主要包括教育部、地方高等教育主管部门和高校三个层面的领导和工作者。提高高校辅导员队伍的建设者的思想认识，需要坚持解放思想、实事求是，与时俱进、开拓创新，以人为本、执政为民的建设理念，根据辅导员队伍建设的现实状况和实际需求，在政策、制度、经费、保障、监督等方面采取有效措施，把辅导员队伍建设作为加强和改进大学生思想政治教育过程中的关键环节认真组织落实。

1. 提高地方教育主管部门建设者的思想认识，严格评价监督，确保政策落实

各地方高等教育主管部门是高校辅导员队伍建设的纽带和桥梁，提高其对高校辅导员队伍建设的思想认识，是确保各省、自治区、直辖市

高校辅导员队伍建设的前提和基础。首先，需要各地方高等教育主管部门按照党和国家关于大学生思想政治教育和高校辅导员队伍建设的根本要求，积极争取地方党委领导的支持和地方人力资源和社会保障局等相关部门的配合，共同推进高校辅导员队伍建设。其次，根据本地辅导员队伍建设的实际情况，制定并实施适合本地高校辅导员队伍建设的政策文件，依托教育部高校辅导员队伍培训和研修基地等有条件的高校组织开展培训，为辅导员队伍的发展营造氛围，搭建平台。最后，加强对本地高校辅导员队伍建设的指导、评价和监督，确保各项政策顺利落实。

2. 提高高校校级领导的思想认识，增加经费投入，保证队伍编制

高校校级领导是辅导员队伍建设最基层的组织者、执行者，其思想认识如何直接影响辅导员队伍建设的效果。随着高等教育体制改革的不断深入，高校自主办学的权力日益增强，高等学校形成了党委领导下的校长负责制这一管理模式，学校领导的思想认识对贯彻落实党和国家以及地方高等教育主管部门有关高校辅导员队伍建设的各项政策具有极其重要的作用。从某种意义上讲，高校是辅导员队伍建设主体中最基层的组织，是各项辅导员队伍建设政策能否真正贯彻落实的关键所在。

提高高校领导的思想认识，需要高校领导将辅导员队伍建设纳入学校建设发展整体的战略布局之中，通过制定和实施具体的制度和政策，在人力、物力、财力和智力上加大投入，提供保障。具体而言，就是严格按照教育部的规定配备足够的辅导员，确保辅导员队伍的规模和编制；像培养学术骨干一样将辅导员的培训纳入学校师资培训规划和人才培养计划之中提供交流、考察和进修深造的机会和平台，确保辅导员队伍素质能力的提高；制定并实施适合辅导员队伍职业发展的职称、职级制，确保辅导员队伍有合理的发展空间；根据辅导员的工作特点，在岗位津贴、办公条件、通信经费方面等予以补贴，确保辅导员的平均收入不低于相应专业教师的实际收入。

3. 提高高校院系领导的思想认识，加强人文关怀，科学指导工作

当今，不少高校实行的是学校和院（系）两级负责、双重领导的管理模式。院（系）要对辅导员进行直接领导和管理，辅导员的工作、生活与院（系）领导息息相关。提升院系领导，特别是分管学生工作和辅导员队伍建设的党总支书记或副书记的思想认识，需要坚持以人为本，切实加强对辅导员的人文关怀和工作指导。

加强对辅导员的人文关怀，要求院系领导把辅导员作为学生工作的核心和最重要的资源，从辅导员的切身利益出发，充分信任、尊重、关心辅导员。信任辅导员，就是要给予辅导员足够的时间、空间及一定的权力来参与各项学生事务的管理，将辅导员作为学院的主人和建设者。尊重辅导员，就是要以平等友好的方式对待辅导员，管理语言、管理行为应有较丰富的文化内涵，应充盈着人文的关怀气息，尽力减少“管、控、压”的权力强制痕迹，尊重他们的个性人格，尊重他们的劳动贡献，更多地鼓励和肯定他们在学习和工作中所取得的成绩，对于辅导员出现的失误和过错则应以博大的胸怀帮助解决，促进提高。关心辅导员，则是院系领导要了解辅导员的内心需要和思想动态，注重辅导员的长远发展、全面发展，注重辅导员培训，在政治待遇上予以关心、生活上予以关爱、工作上予以关怀，真正做到感情留人、待遇留人，从而不断激发辅导员工作的积极性和创造性，挖掘辅导员的潜能，实现辅导员的价值，以实现高校和辅导员自身的共同发展为最终目标。

（二）端正高校辅导员队伍自身思想认识

高校辅导员队伍建设需要建设主客体相互作用和共同努力，才能更好地实现队伍建设的目标和任务。新阶段，转变高校辅导员队伍建设者的思想观念、加强高校辅导员队伍建设的组织推动只是高校辅导员队伍建设的外在因素，其核心和关键还需要充分发挥高校辅导员队伍自身的主体性。辅导员对于自身职业性质、标准、职责、价值等的理解、判

断、期待与认同，是影响辅导员职业价值取向的内部动因，也是辅导员职业形象树立的基础。加强对辅导员专业意识的培养，可以提高辅导员对辅导员工作存在的价值和必要性的认识。高校辅导员需要自觉增强大学生日常思想政治教育和管理工作的能力，通过参加各级培训、申报研究课题和自我学习、自我教育等方式增强自身的理论素养，注重在工作实践中反思、总结、提高增强育人本领和业务技能。

辅导员的职业情感是和人的社会性需要联系在一起的一种较复杂而又稳定的评价和体验。对辅导员实施必要的职业情感教育，有助于增强辅导员的职业认同和价值归属，提升辅导员的工作激情和信心，从而表现出一种献身学生工作、自强不息、执着追求的精神状态。促使辅导员终身从事辅导员工作，需要辅导员正确认识自身工作在高校人才培养中的重要价值和现实意义，自觉增强教书育人的使命感和责任感。作为一名在岗在任的辅导员，应当热爱辅导员工作，把学生的发展和进步视为实现自身人生价值的重要阶梯，自觉增强职业认同感和组织归属感。

辅导员的职业动机是形成专业态度的驱动力量，任何动机都是基于需要而产生的。不同的动机会带来不同的行为态度与行为效果。辅导员一旦确立了正确的职业动机，将对其职业发展起到激发、定向、维持与调节的功能，会影响到辅导员的教育情感、态度、效率等，最终影响到其专业化、职业化发展。态度是人们在自身道德观和价值观基础上对事物的评价和行为倾向，态度表现为对外界事物的内在感受、情感和意向。要构建、开发辅导员职业态度内容体系，提高辅导员价值认同、情感归属等内在的职业心理动机和职业理想信念。加强对辅导员职业意识内容体系的建设，有助于辅导员明确自身的社会地位和价值，准确地进行自我角色定位，从而克服因部分辅导员从业心态不端而导致的队伍稳定性差的问题。

二、加强高校辅导员队伍建设的领导管理

加强对高校辅导员队伍建设的领导管理，是辅导员队伍建设的内在

要求和根本保障。这需要不断革新辅导员队伍建设的领导管理体制，增强辅导员队伍建设的文化氛围，建立健全辅导员队伍建设制度。

（一）革新高校辅导员队伍建设的领导管理体制

加强高校辅导员队伍建设，离不开党对辅导员队伍建设的正确领导。在新的时代背景下，高校辅导员队伍的领导管理推行的是校、院（系）双重领导和双重管理体制。为满足队伍建设需要，突破队伍发展瓶颈，需要革新高校辅导员队伍建设的领导体制、管理体制，明确辅导员队伍的工作职责。

1. 革新高校辅导员队伍建设的领导体制

领导体制是指独立的或相对独立的组织系统进行决策、指挥、监督等领导活动的具体制度或体系，其核心内容是用制度化的形式规定组织系统内的领导权限、机构、关系及活动方式，遵循明确的管理层次、等级序列、指挥链条、沟通渠道等进行的规范化、制度化或非人格化的活动。高校辅导员队伍建设需要通过组织的推动和引领，为其提供宏观的政策导向，发挥地方教育主管部门的指导和监督作用，确保高校辅导员队伍建设各项政策的执行和落实。

首先，建立健全高校辅导员队伍建设的组织机构。高校辅导员队伍建设的组织机构是辅导员队伍建设各项政策制定、实施的领导、组织、监督等职能部门，包括了国家、地方和高校三个层面。建构涵盖国家、地方和高校三位一体的领导格局，为新时期高校辅导员队伍建设提供坚强的组织保障，能够不断地增强辅导员的组织归属感，有效地激发辅导员队伍的工作潜能。

国家层面上，高校辅导员队伍建设的组织管理机构主要从宏观层面上规划和制定高校辅导员队伍建设的各项政策。目前，在国家层面上，教育部思想政治工作司牵头负责全国高校辅导员队伍建设，开展了大量辅导员队伍建设的指导、监督工作，为高校辅导员队伍建设做出了表率。

地方层面上，高校辅导员队伍建设的组织管理机构主要是各省、自治区、直辖市高等教育主管部门下设的学生工作部（处）或宣教处。其主要职责是向所辖区域高校传递和部属高校辅导员队伍建设的相关要求，指导、监督和向国家反馈高校辅导员队伍建设执行落实情况等职责。地方层面的高校辅导员队伍建设的组织机构是队伍建设的桥梁和纽带，对本地区高校辅导员队伍建设具有重要的作用。

高校层面上，高校是辅导员队伍建设的执行层，在国家和地方关于辅导员队伍建设的政策指导下，通过设置选聘机构、培训机构、考核机构和发展机构，贯彻落实上级关于高校辅导员队伍建设的各项政策和措施。高等学校直接接受地方教育主管部门的监督，同时要向上级职能部门反馈本校辅导员队伍建设的实施情况。随着高校自主办学权力的日益增强，高校对辅导员队伍建设的重视程度、投入力度直接影响辅导员队伍建设的效果。由于各高校办学规模、层次水平存在差异，考虑到成本效益的实际现状，高校在设置辅导员队伍建设的选聘、培训、考核和发展机构时，可以考虑建立利益共同体、虚拟组织等方式，以降低成本投入，但是不设置相应的组织管理机构是极不利于高校辅导员队伍建设的。

其次，成立高校辅导员队伍建设的协会组织。协会是指由个人、单个组织为达到某种目标，通过签署协议自愿组成的团体或组织。建立并完善新时代高校辅导员队伍建设的协会组织机构，是对正式组织的有益补充。它的产生和发展是社会分工的结果，反映了高校辅导员队伍自我服务、自我协调、自我监督、自我保护甚至自我发展的意识和诉求。

最后，深化双重领导体制，明确校院两级职责。高校辅导员队伍建设领导体制是高校辅导员队伍领导管理的重要内容。加强高校辅导员队伍建设双重领导必须明确校院两级的工作职责，建立相应的高校辅导员队伍建设的领导机构，加强高校院系党总支副书记的领导管理能力。

建立健全辅导员队伍建设的体制，不仅要明确辅导员队伍建设的领导责任和管理关系，而且能为辅导员队伍建设各项措施的全面落实提供最根本的组织保障、领导体制和管理体制，因而成为辅导员队伍建设的基础。一方面，在校级层面上，需要成立高校辅导员队伍建设领导小组，以有利于辅导员队伍切身利益和发展为目标，履行或实施规划职能、协调职能和督导职能，为辅导员队伍建设各项政策的有效落实提供政策、人力、物力和财力上的支持和保证。另一方面，在院系层面上，要形成以分党委或党总支副书记为领导的辅导员队伍建设小组，履行好执行职能、管理职能和发展职能。高校内部，院系分党委、党总支副书记是辅导员最直接的领导，对于辅导员工作的开展和队伍建设具有至关重要的作用。

2. 革新高校辅导员队伍建设的管理体制

管理体制是指管理系统的结构和组成方式，规定了在各自方面的管理范围、权限职责、利益及其相互关系的准则。它的强弱直接影响到管理的效率和效能。

传统的高校学生工作模式与新时期高校辅导员队伍工作职责不断扩张、劳动强度不断增大之间的矛盾日渐凸显，影响和制约了高校辅导员队伍的专业化、职业化和专家化发展，引起了学术界和理论界的高度重视。当前，学术界对高校辅导员队伍建设的管理体制或组织结构进行了理论探讨。

从宏观上讲，高校辅导员队伍建设的领导体制涵盖了国家、地方、高校对辅导员队伍建设的领导与管理的思维理念、价值取向和行为模式。在坚持加强党对高校辅导员队伍建设领导的原则下，对辅导员队伍建设产生最为直接影响的建设主体主要体现在高等学校层面。因此，从狭义上讲，高校辅导员队伍建设的领导体制是在实施学校和院（系）双重领导的前提下，高校关于辅导员队伍建设的目标指向、行为方式、工作范式的总和。由于现行高校辅导员工作承载着学生工作的绝大部分内容，高校辅导员队伍建设与学生工作模式有着天然的紧密联系，直接影响着高校辅导员队伍建设领导体制。

要树立“以生为本”、全员育人的教育理念，学校领导必须根据当前大学生成长成才的基本规律和内在要求，对非教学活动的各个方面进行分层分级，理顺工作职责，明确高校辅导员队伍的职责界限。现代社会组织都强调职责明确、权责对等，只有这样，组织内各系统才能良好地运转，发挥最大效益。辅导员应是专门从事大学生日常思想政治教育和管理工作的专业人才队伍，能够为学生全面发展和健康成长提供专业性强、不可替代的服务。明确职责界限，要求我们不能将辅导员队伍的职责完全等同于辅导员个体的职责，两者是有区别的。事实上，让一个辅导员承受几百名学生的思想指导、学业辅导、心理疏导、职业引导等工作本身就非明智之举。学校应组织学校各部门，将与学生相关的各项工作逐一细化，根据工作的性质、内容进行对应归口。对于边界模糊的工作，可根据学校实际，通过召开教代会、工代会予以决定，并通过制度予以保障。学校各职能部门应明确学生教育管理工作的职责界限，主动承担相应的育人职责。除院系党总支和学生工作部门，其他职能部门不能无条件地给辅导员安排额外的工作任务。同时还要建章立制，逐步使辅导员队伍从泛化无序的工作范式向科学规范的思想政治教育回归。

（二）浓厚高校辅导员队伍建设的组织文化

高校辅导员队伍建设是一项长期的系统工程。为确保辅导员队伍永葆生机，增强组织归属和职业认同，需要加强辅导员队伍的组织建设，增强组织文化氛围，营造健康和谐的组织生态环境。

1. 深刻认识加强高校辅导员队伍组织文化建设的重要意义

加强高校辅导员队伍组织文化建设，需要深刻认识其重要意义。

首先，加强组织文化建设有助于增强高校辅导员队伍的凝聚力和向心力。组织文化是组织中全体成员共同创造的群体意识，能把各个方面、各个层次的辅导员团结在组织的周围产生一种凝聚力和向心力，使个人的情感意识、行为规范与组织的发展紧密联系，对组织产生强烈的归属感和认同感，使辅导员将组织视为自己的精神家园，从而以组织的生存和发展为己任，与组织休戚相关、进退与共。大学生思想政治教育是一项系统工程，需要社会各界、高等学校特别是辅导员队伍内部形成良好的育人合力。加强高校辅导员队伍组织文化建设有助于队伍内部形成强大的合力，让大家心往一处想、劲往一处使，为共同推动大学生思想政治教育和管理工作做出积极的贡献。从人力资源管理的角度看，要使组织成员高效率工作，首先应使员工对组织文化及组织目标有较高程度的认同，从而使得组织目标与个人目标实现有机统一，形成对组织的承诺和职业忠诚。

其次，加强高校辅导员队伍组织文化建设是辅导员队伍爱岗敬业、潜心育人的动力源泉。由于高校辅导员队伍工作的特殊性质，辅导员队伍的劳动效果和质量难以在短时间内显现，因此，一个辅导员在工作时间、工作精力的投入上更应强调由自发状态向自觉行为转变，不断增强立德树人的意识和本领。加强组织文化建设、营造良好的组织氛围不仅有助于舒缓辅导员的工作和心理压力，而且有助于增强高校辅导员队伍工作的自觉性和主动性，是辅导员队伍爱岗敬业、潜心教书育人的动力源泉。

再次，加强高校辅导员队伍组织文化建设有助于辅导员队伍的自我发展和自我实现。一个人的成长和进步离不开群体组织的氛围。根据人才学基本理论知识，人才资源的有效开发既需要组织的推动，又需要个人的努力，为此，良好的组织文化对于高校辅导员队伍的自我发展和自我实现具有积极的作用。因为，组织文化就是在组织具体的历史环境及条件下，将人们的事业心和成功欲转化成具体的奋斗目标、信念和行为准则，形成员工的精神支柱和精神动力，为组织的共同目标而不懈奋斗，在实现组织目标的同时，发展自我、实现自我和超越自我。正是因为组织文化对组织成员具有强烈的导向和规范作用、激励与约束作用，才能在辅导员队伍的建设和发展中产生积极的、正面的效果。

最后，加强高校辅导员队伍组织文化建设是形成良好人际关系的重要保证。良好的人际关系是现实社会顺利开展各项工作的重要保障。高校辅导员工作在很大程度上需要和不同层次的人员交往和沟通，要组织、协调各方面的教育资源，全面、客观地掌握青年学生的思想动态和意识行为。加强高校辅导员队伍的组织文化建设，对内旨在提升队伍组织内部的自豪感、责任感和荣誉感，形成心理共识；对外旨在逐步塑造高校辅导员队伍的组织形象，提高社会的认同度和满意度。

2. 明确高校辅导员队伍组织文化建设的内容体系

加强高校辅导员队伍组织文化建设必须科学明确组织文化建设的内容体系。根据组织行为学相关理论知识，从层次上讲，组织文化内容体系主要包含观念层、制度行为层和物质层三方面的内容。具体而言，高校辅导员队伍组织文化建设的内容体系应该包括组织核心价值观、组织精神、伦理规范、组织素养和组织形象等方面的内容。

首先，凝练高校辅导员队伍的核心价值观。高校辅导员队伍的核心价值观是指高校辅导员队伍建设的管理层和全体辅导员对该组织的经营活动以及指导这些活动的基本观点，包括高校辅导员队伍存在的意义和目的、组织结构的作用、行为准则和利益分配等，具体包括组织哲学、价值观念和组织精神等内容。

其次，明确高校辅导员队伍的伦理规范。组织的伦理规范是组织在长期的教育管理活动中形成的，高校辅导员应自觉遵守的道德风气和习俗。

再次，增强高校辅导员队伍的组织素养。组织素养包括组织中各级员工的基本思想素养、科技和文化教育水平、工作技能、精力以及身体状况等。组织素养越高，组织成员的管理哲学、敬业精神、人本主义的价值观念、道德修养等就越高。

最后，塑造高校辅导员队伍的组织形象。组织形式指社会公众和组织成员对组织、组织行为和组织的各种活动成果的总体印象和认可度。

对高校辅导员队伍内部而言，高校辅导员队伍的组织形象主要包括辅导员的工作环境、规章制度和管理行为。并非所有的规章制度都是组织文化的内容，只有那些能激发职工积极性和自觉性的规章制度，才是组织文化的内容，其中最主要的就是民主管理制度。再好的组织哲学或价值观念，如果不能有效地付诸实施，就无法被职工所接受，也就无法成为组织文化。因此，坚持以人为本，充分尊重高校辅导员队伍的劳动价值的组织哲学、价值观念、道德规范的具体实施，是高校辅导员队伍组织文化建设的直接体现，也是彰显高校辅导员队伍组织形象和社会地位的桥梁。

3. 提高高校辅导员队伍组织文化建设的措施

良好的组织文化能够创造出和谐、上进的组织氛围，产生源源不断的精神动力，推动组织和员工共同发展。加强新时期高校辅导员队伍组织文化建设，应进行组织文化诊断，确立组织共同理想，采取有效措施，浓厚组织文化氛围。

首先，科学诊断高校辅导员队伍组织文化建设现状，确立高校辅导员队伍组织文化建设的共同愿景。科学诊断高校辅导员队伍组织文化需要，明确组织文化的内容。高校辅导员队伍建设者要在明确组织文化建设内容的基础上建构科学的测评体系，开展深入、全面和系统的调查研究，从观念层、制度行为层和物质层进行科学诊断，从而为凝练高校辅导员队伍组织文化的核心价值观、制定科学的管理制度与行为规范、优化办公环境等提供现实依据。确定新时期高校辅导员队伍组织文化建设的共同愿景，需要确立队伍的核心价值观。组织价值观是整个组织文化的核心，确立组织价值观要立足于本组织的具体特点、目的、环境要求和组成方式等，选择适合自身发展的组织文化模式，力保组织核心价值标准正确、明晰、科学。组织核心价值观和组织文化要体现高校辅导员队伍的宗旨、管理战略和发展方向；要切实关注高校辅导员队伍的接受度，使之与本校辅导员队伍的基本素质相符；要发挥高校辅导员队伍的创造精神，认真听取辅导员的各种意见，并经过自上而下和自下而上的多次反复，审慎选出既符合高校特点又反映辅导员社会心态的核心价值观和组织文化模式。除此之外，高校辅导员队伍组织文化建设要把握住核心价值观与组织文化各要素之间的相互关系，因为各要素只有经过科学的组合和匹配，才能实现系统的整体优化。

其次，强化高校辅导员对组织文化的认同感。任何一个组织，随着其生长发展和历史延续，总会形成一些共同的价值准则、基本信念和行为规范，形成区别于其他组织的独特的组织哲学、组织精神、道德准则和组织风尚，即自己独特的组织文化。由于高校辅导员队伍组织文化建设具有重要的价值功能，因此必须采取有效的措施，让组织文化由自发向自觉转变，让组织的价值观念深入人心，从而强化高校辅导员对组织文化的认同感。因此，一方面需要利用一切宣传媒体进行宣传，使高校辅导员独特的组织文化能够深入人心，成为激励广大辅导员奋发向上的精神动力。另一方面，加强对高校辅导员队伍的培训，提高辅导员的职业素养和工作能力，提升整个高校辅导员队伍的社会形象和社会地位。提升其社会形象和社会地位的有效途径是树立起高校辅导员个体及队伍的先进典型。

最后，巩固和丰富高校辅导员队伍的组织文化。高校辅导员队伍组织文化的建设和发展同其他事物一样，存在着策划酝酿、形成巩固、发展衰老的过程。组织文化的建设就是在传承与创新中不断发展和完善的。因此，要保证组织文化相对持久的生命力，延缓组织变革的周期，需要不断地巩固高校辅导员队伍组织文化建设的成果。因此，需要建立必要的制度保障，培养高校辅导员良好的职业道德和高尚的职业操守。

（三）建立健全高校辅导员队伍建设的制度

党和国家制定的高校辅导员队伍建设的相关政策和制度是我国高校辅导员队伍建设重要的政策依据和制度保障。由于辅导员工作、辅导员队伍建设具有较强的时代性和发展性，高校应在坚持政策相对稳定的基础上，坚持以人为本、与时俱进的原则，不断完善、探索和创建适合新阶段辅导员队伍发展的政策制度，加大指导和监督力度，充分发挥制度在高校辅导员队伍建设中的作用和效力。

1. 完善高校辅导员队伍建设的现行制度

改革开放以来，党和国家高度重视大学生思想政治教育，对高校辅导员队伍寄予殷切的期望，赋予其神圣的历史使命和时代重任，并高度关注高校辅导员队伍的建设和发展。国家制定和颁发了一系列政策文件，为高校辅导员队伍建设提供了政策引领和制度保障。由于社会环境和教育对象的变化，高校辅导员队伍现有的政策制度需要进一步完善。

（1）完善高校辅导员队伍建设现行制度

目前，高校辅导员队伍建设既有的政策和制度主要包括高校辅导员队伍的配备与选聘、培养与发展、管理与考核等方面的内容。目前很多高校或省市在高校辅导员队伍制度建设方面虽然遵照教育部的指示制定了相应的政策和制度，但还是比较笼统，未能将选聘、培养、发展等逐一细化，形成单一的规章制度，可操作性不强。另外，部分省市和高校还缺少适合自身辅导员队伍建设的规章制度。例如，目前大多数高校辅导员队伍发展的制度建设相对滞后，不少高校在辅导员队伍的发展和晋升方面依然采用与专业教师职务评聘相同的标准，未能严格按照教育部规定的高校辅导员队伍可以双线晋升的要求制定和落实高校辅导员队伍的发展制度。因此，必须完善高校辅导员队伍建设的现行制度。

（2）完善高校辅导员队伍制度建设的理念和措施

制度建设是一个制定、执行并在实践中检验和完善制度的动态过程。巩固和完善高校辅导员队伍的制度建设是对现行高校辅导员队伍制度建设内容的补充和改良，促使制度在高校辅导员队伍建设中发挥导向、保障和激励的作用。因此，完善高校辅导员队伍制度建设应以科学的理论为指导，关照社会环境和教育对象的变化给高校辅导员队伍工作带来的冲击与挑战，坚持以人为本、全面协调可持续发展的核心理念，坚持与时俱进、开拓创新的原则，不断巩固和完善高校辅导员队伍的现行制度。因此，高校辅导员队伍建设者应当确立高校辅导员队伍建设的目的（为什么），明确高校辅导员队伍建设的内容（建什么），优化高校辅导员队伍建设的方法（怎么建），采取有效的措施建立和健全高校辅导员队伍建设的相关制度。

2. 探索和建立高校辅导员队伍建设新的制度

通过对高校辅导员队伍建设现行制度的分析，目前诸多高校辅导员队伍的制度建设更多地侧重于人力资源管理的研究范畴，制度建设的研究视野还不够开阔，需要进一步探索和创新。

根据组织行为学的观点，任何组织或队伍都有一个萌芽、形成、发展、衰退和消亡的过程。完整的制度建设应满足和伴随其整个发展过程。新时期，高校辅导员队伍制度建设还不完整。一方面，从现代人力资源管理的角度看，高校辅导员队伍的现行制度还未完全涵盖队伍建设的各个方面。比如高校辅导员的淘汰退出制度、辅导员队伍建设的支撑联动制度、高校辅导员队伍建设的评价惩罚制度以及辅导员队伍建设的科学规划制度等还未被提上议事日程。另一方面，就高校辅导员队伍建设的内容而言，新时期高校辅导员队伍的思想建设、组织建设等具体制度还未涉及，高校辅导员队伍建设的长效机制还未完全建立。因此，高校辅导员队伍建设者需要进一步加强淘汰退出制度、支撑联动制度和思想建设、组织建设等方面的建设。

3. 加大对高校辅导员队伍建设制度的执行力度

高校辅导员队伍的制度建设是一项系统工程，需要国家、地方和高校等辅导员队伍建设主体上下联动、齐抓共管，方能更好地发挥制度在高校辅导员队伍建设方面的重要作用。在建立、健全高校辅导员队伍建设相关制度的前提下，要狠抓制度落实，加强督促检查，维护制度的权威性，真正做到用制度管权、按制度办事、靠制度管人。

首先，学深吃透制度。要将制度变为自己的自觉行动，必须掌握其内容，牢记其规定。要采取举办讲座、召开座谈、开展讨论等形式，组织广大与高校辅导员队伍建设有关的人员认真学习，使大家对各项制度了解得更详细一些，理解得更透彻一些，把握得更准确一些，执行得更自觉一些。上级高校辅导员队伍建设的组织管理部门具有信息、政策和决策上的优势，应当加强对下级部门的指导和帮扶。上级部门除了下发高校辅导员队伍建设的政策文件之外，还可以进一步下派工作人员到基层短期现场办公，开展政策宣讲、咨询服务和技术支持等指导性的工作，帮助下级部门解决高校辅导员队伍建设过程中存在的突出问题。

其次，严格执行制度。实践表明，一些制度之所以没有发挥应有的效力，一个重要的原因就是执行不力、落实不够。要防止只把制度写在纸上、挂在墙上，做表面文章、摆花架子的行为；避免制度实施过程中一遇到困难和问题就半途而废、绕道而行的现象。具体实践中，要做到执行决议不动摇、执行规定不走样、执行制度不变通，毫不含糊地严格落实各项决议决定、规章制度，切实用制度整合人们的思想，约束人们的行为，规范工作的程序，保证工作的落实。

最后，实施督促检查。对制度执行情况要经常督促检查，及时发现问题，堵塞工作漏洞，推动制度落实。新制度出台后，要有督促、有检查、有评估、有反馈，坚持客观、公正、准确、全面的原则，采取全面检查与重点抽查的方式，及时掌握制度执行的情况，尽快纠正偏离制度的行为。通过检查制度实施情况，做到拾遗补阙，该废除的废除，该修改的修改，该补充的补充，该完善的完善，以实现制度建设的与时俱进。

加强对高校基层辅导员队伍建设的指导和监督是新时期高校辅导员队伍建设的关键环节和重要保障。任何政策和制度不能得到有效贯彻、落实和执行，都只是一纸空文，不能对高校辅导员队伍建设产生任何实质性的影响，甚至导致部分辅导员产生新的失落和不满。因此，各级高校辅导员队伍建设的主体应当明晰职能、合理分工，在推进我国高校辅导员队伍建设相关制度建设的进程中扮演好各自的角色，发挥各自的作用。

第二节 改进高校辅导员队伍建设的措施

加强高校辅导员队伍建设，需要根据辅导员队伍建设的内在规律，最大限度地发挥制度在辅导员队伍建设中的作用，采取有效措施和科学方法改进和加强高校辅导员队伍建设。通过科学化选拔、专业化培训、职业化发展和系统化评价等措施，优化队伍结构、提升队伍素质、提高工作能力、保持队伍稳定，增强大学生思想政治教育的效果。

一、科学化选拔

科学建立高校辅导员队伍的职业准入机制是选拔高校辅导员的基础环节，这对于辅导员队伍的后续建设和发展具有基础性的价值和作用。科学建构高校辅导员队伍的职业准入机制和采取有效措施，应当坚持选拔原则，明确选拔标准，优化选拔方法，科学选拔高校辅导员。

（一）遵循高校辅导员选拔原则

规范新时期高校辅导员队伍的职业准入机制，必须坚持德才兼备、以德为先，优化队伍结构，在竞争与择优以及层次性、灵活性原则的指导下，严格、规范地选聘和续任合适的辅导员。

1. 坚持德才兼备、以德为先的原则

德才兼备、以德为先是中国共产党对干部选拔任用工作历史经验的科学总结，是对党的组织路线和干部政策的丰富发展，是新时期党的干部工作的重要指导方针。科学实施高校辅导员的职业准入也必须坚持德才兼备、以德为先的指导思想和基本原则。

坚持德才兼备、以德为先的职业准入原则，就是要将高校辅导员的思想道德素质摆在职业准入的首要位置。坚持德才兼备、以德为先有助

于保证高校辅导员队伍的整体素质。高校辅导员队伍的素质如何，直接影响着青年学生的成长和发展。因此，坚持德才兼备、以德为先是保证高等学校社会主义办学方向、提高人才培养质量，特别是培养社会主义合格建设者和可靠接班人的具体要求。

坚持德才兼备、以德为先是保证高校辅导员队伍专业化、职业化和专家化发展的基础环节。高校辅导员工作极其复杂且相当辛苦，如果没有热爱大学生思想政治教育和管理工作的思想准备，没有全心全意为学生服务的理想信念，辅导员就无法持续地热情高涨地开展各项工作，还很可能导致思想不稳、工作乏力，难以潜心教书育人，容易产生职业懈怠。因此，只有精心选拔“政治强、业务精、纪律严、作风正”，德才兼备、乐于奉献、愿意长期从事大学生思想政治教育事业的辅导员，才能有效推进高校辅导员队伍朝专业化、职业化和专家化方向发展。

2. 坚持优化队伍结构的原则

大学生思想政治教育是一项系统工程，优化高校辅导员队伍结构就是在整合高校辅导员队伍内部资源的基础上形成育人合力，提高育人效果。结构决定功能，只有合理优化高校辅导员队伍的内部结构，才能更好地发挥高校辅导员队伍整体的育人功效。优化高校辅导员队伍结构，需要高校在全面、客观、科学分析辅导员队伍现实状况的基础上，从全局的、发展的和辩证的角度密切关注高校辅导员队伍的年龄、性别、学历、专业以及职称职务等结构的合理配置。从入口处改善高校辅导员队伍结构是优化辅导员队伍结构的一个重要途径，应当科学规划，循序渐进。

3. 坚持竞争与择优的原则

竞争是社会主义市场经济的鲜明特征和基本规律，同时也是人才选拔的重要途径和根本措施。只用通过合理的竞争，才能挑选到合适的人选胜任辅导员工作。为此，高校应在坚持发展经济的前提下，优化校园环境，营造浓厚的校园文化氛围，提升社会声誉，增进组织的吸引力和社会美誉度，在市场经济的调节下更可能多地吸引社会各界优秀人才竞聘辅导员岗位，为选拔优秀的、合适的人选提供人员保障。高等学校应当贯彻和落实“要像重视业务学术骨干一样重视辅导员、班主任的选拔、培养和使用”的指导思想，坚持竞争与择优的准入原则，确立科学的准入测评体系和方法，组建具有准入测评资质的测评人员队伍，坚持科学的选聘程序，方能挑选到合适的人选。随着社会分工日趋细化，不少职业都建立了自己的职业准入机制，如公务员、律师等必须通过专门的资格考试才能获取相应的从业资质。因此，高校辅导员的准入也应当举办标准相对统一的职业资格考试，实行职业资格准入的运行机制，公平竞争、择优录用，达到人尽其才、才尽其用的良好效果。

4. 坚持层次性和灵活性原则

由于我国高等学校辅导员队伍建设现状差异明显，高校辅导员职业准入应该注重层次性和灵活性。各高校应当根据当前辅导员队伍建设的现实状况，严格遵循教育部相关文件精神，按照“专兼结合、以专为主”的配备方式设置辅导员工作岗位。由于不同高校在办学规模、国家经费投入和发展历史等方面情况不同，各高校应依照分层、灵活的原则，逐步加强对辅导员的补充和选聘。在选聘的过程中应当严格按照客观规律办事，坚持公开、公平、公正的选人原则，精心选拔。

(二) 明确高校辅导员选拔标准

为加快高校辅导员队伍专业化、职业化和专家化建设进程，必须从辅导员队伍的入口处严格把关，建立科学的准入标准。

1. 政治标准

由于高校辅导员队伍的核心工作是大学生思想政治教育和管理，因此每个辅导员都必须具备较强的政治素质，故应将政治标准作为辅导员准入的重要指标和入职底线。高等学校在选聘、考核辅导员之时，必须考虑辅导员的政治标准，即能够在高校党委的领导下，贯彻和执行党的路线、方针和政策，遵守宪法、法律和法规，按照法定的职责权限和程序履行职责、开展工作。当前，不少高校将中共党员、学生干部作为辅导员选拔的一项考核指标，亦充分说明了选拔辅导员的政治标准的重要性。

2. 学历标准

大学生思想政治教育与管理工作的职责、内容不断扩展，教育对象日趋多样、复杂，大学生的自我意识和主体意识不断增强，新思想、新事物、新问题不断涌现，这些都要求辅导员应当具备较高的学历层次才能更好地胜任辅导员工作。虽然国家和高校对辅导员队伍建设重视程度日益增强，不少高校将研究生及以上学历作为选聘辅导员的标准之一，学历层次有所提高，但是从全国范围来看，对辅导员的学历要求仍明显低于对专业教师的学历要求。这种做法让人在潜意识里认为大学生思想政治教育没有专业知识教育重要，辅导员比专业教师地位低下，从而影响辅导员队伍的地位和各项工作的开展。因此，将学历标准纳入高校辅导员队伍准入的重要指标，既有利于队伍的整体建设和发展，又有助于提高辅导员队伍的社会声誉。

3. 专业标准

任何职业的发展都必须建立在专业知识的支撑之上。由于种种原因，高校辅导员队伍的专业结构复杂。大学生思想政治教育是一门科学，必须将思想政治教育相关专业作为职业发展和延续的专业基础。术业有专攻，不同的专业背景对人的思维模式、行为方式都会产生持久的影响。非思想政治教育相关专业的辅导员难免在马克思主义基本理论、思想政治教育的基础知识等方面储备不足，不利于科学、有效地开展大学生思想政治教育和管理工作。由于专业知识的缺乏，非思想政治教育专业的辅导员在撰写学生工作或大学生思想政治教育等相关学术论文以及在申报社科类项目时明显处于劣势，在职称评聘上相对困难。因此，将专业知识纳入高校辅导员准入的标准，既是关注大学生思想政治教育与管理的具体体现，也是优化人力资源配置和坚持以人为本的重要途径。实现高校辅导员队伍建设专业化、职业化和专家化发展目标，应当将辅导员的专业知识结构纳入高校辅导员准入考评指标体系。

4. 能力标准

能力是素质的具体展示。根据大学生思想政治教育与管理工作的实际需要，高校辅导员应当具备特定的业务工作能力。概括地讲，高校辅导员应具备较强的政治鉴别力、决策思辨能力、领导管理能力、组织协调能力、沟通交际能力、宣传写作能力等。辅导员应善于观察、思考和处理问题，能透过现象看本质，是非分明，正确地把握时代发展要求，科学研判形势；能根据大学生成长规律，在科学的教育规律的指引下，为学生提供帮助和服务；辅导员还要对工作认真负责，密切联系学生，维护学生合法权益；能坚持群众路线、实事求是，善于分析新情况，提出新思路，解决新问题，结合实际创造性地开展工作；要科学探索和准确地把握大学生发展的规律，预测发展趋势，提出解决措施；要懂得尊重他人，具有全局观念、民主作风和协作意识；语言文字表达条理清晰，宣传能力强，能运用网络等载体进行有效沟通；事业心强，有积极、乐观、向上的精神状态和爱岗敬业的热情，能适时调整自己的思维和行为，保持良好的心态、情绪，自信心强，意志坚定，能正确对待和处理顺境与逆境、成功与失败；面对突发事件能保持头脑清醒，科学分析，准确判断，果断行动，整合资源，调动各种力量，有序应对突发事件。

（三）严格高校辅导员选拔程序

建设新时期高校辅导员队伍应当在坚持职业准入基本原则的前提下，根据职业准入的标准，采用有效职业准入的方法。在职业准入的过程中应关注高校辅导员队伍建设现状，拓宽职业准入的渠道，组建职业准入的考核主体，运用科学的职业准入测评机制，精心挑选合适的人选，为高校辅导员队伍建设奠定基础。

1. 拟定辅导员选拔的规划

科学拟定高校辅导员职业准入规划，需要通过对当前高校辅导员队伍建设现状进行全面分析。为此，高校必须遵循德才兼备、以德为先，优化队伍结构，竞争与择优等原则，注重层次性、灵活性，设置科学的职业准入标准。科学评估高校辅导员的岗位需求，保证高校辅导员数量。高校应严格按照教育部规定的 1∶200 师生比例配置一线专职辅导员，合理设置队伍编制，保证辅导员的数量。高校应充分考虑办学规模、注重办学的经济效益，在保证每个年级至少有 1 名专职辅导员的前提下，坚持“专兼结合、以专为主”的构建模式，合理补充和配备专、兼职辅导员。科学评估高校辅导员队伍的素质和工作能力，有针对性地调整准入标准和条件，通过科学准入机制的实施，能够改善高校辅导员队伍整体结构中存在的问题。科学规划准入流程，有利于确保高校辅导员的选拔、聘用有序推进。为此，高等学校辅导员队伍建设的组织机构或负责人除了要充分考虑辅导员准入的条件、岗位数量需求之外，还应将考核时间、地点、内容、方式以及流程等具体内容公之于众，让广大应聘者能够以良好的从业心态选择适合自己的工作岗位。

2. 拓宽辅导员的选拔渠道

随着“人才资源是社会第一生产力”的意识不断深入人心，社会上不少企业对人才资源的争夺和竞争明显增强。为选择优秀的高校毕业生，不少企业已经将校园招聘的时间大大提前，招聘地域范围不断扩展，人才测评的措施和方法不断优化。这种现象既为高校选拔辅导员提供了有效的借鉴和启示，同时也对高校选拔合适的、优秀的辅导员提出了新的挑战。为此，扩大高校辅导员职业准入的选拔范围、拓宽高校辅导员职业准入的渠道应当引起高校辅导员队伍建设主体的高度重视。随着信息科学技术的不断发展，新媒体已成为信息社会交流和获取信息的重要载体。高校可以充分利用网络、电视、报纸等大众传媒发布辅导员招聘信息，拓展高校辅导员的选拔范围。高校应当坚持“走出去、请进来”的选聘理念，学校领导可组织招聘并深入就业市场或其他高校选拔合适的人选。高校应加强辅导员队伍的组织文化建设，切实保障和提高辅导员队伍的经济收入和政治地位，扩大社会影响，增强高校的吸引力和影响力，以吸纳更多的应聘者竞聘辅导员岗位。

3. 组建选拔测评主体

组建高校辅导员职业准入的测评主体事关高校辅导员选拔、聘用的成败。根据管理学中的冰山理论知识，把一个员工的全部才能比喻成一座冰山，呈现在人们视野之中的部分如员工的资质、知识、行为和技能只有1/8，而看不到的却占7/8。看不到的7/8是由职业意识、职业道德、职业态度三个方面形成的才能基石。海面之下的是潜在的、隐性的且最为重要的，这对高校辅导员职业准入测评主体的素质和能力提出了新的要求与挑战。因此，如果没有一支优秀的具备一定专业理论知识和实践工作经验的测评队伍，高校是难以在众多竞聘者中遴选到合适的辅导员的。

(四) 实施科学的测评方法

人才选拔日益成为组织发展和改革中最重要、最关键的基础环节。选择合适的人员不仅有助于推进组织的发展，而且有助于发挥人才自身的素质和能力，更好地实现人尽其才、才尽其用的科学配置。现代人力资源管理学科的日益完善为辅导员的选拔提供了新的切入点和视角，对实现队伍人力资源的合理配置、提高管理效能和工作绩效提供了新的理论依据和技术方法，具有一定的理论价值和实践意义。

1. 实施面试测评法

面试是测评者与被试者进行双向信息交流的过程，是考察被试者是否达到职位所要求的素质标准的一种测试手段。目前，全世界约有80%的组织都将面试运用在人才的选拔过程中。面试也是高校辅导员选聘中大都会采用的环节。测评主体在查阅应聘者自荐材料的基础上，应有针对性地设置问题选项，考核应聘者的素质和能力。事实证明，通过面试，测评者可以考核出辅导员应聘者的仪表风度、分析能力、言语能力、理解能力、策划能力、组织能力、应变能力及情绪稳定性等职业素养和职业倾向。面试测评法程序简单，投入不大，所以被广泛地运用，但是由于不同测评主体的素质能力、性格偏好存在差异，面试也存在人为主观干扰较大的弊端。

2．实施心理测试法

有的高校已经开始在辅导员选拔中采用心理测验法，对应试者能力、个性以及动机进行测试。实施科学的职业准入测评方法需要运用韦氏智力测验、瑞文推理测验等进行能力测试，采用卡特尔 16PF 人格测量、加州青年人格问卷（CPI）、明尼苏达多项人格问卷等进行个性测试，采用主题统觉测验、句子完成法等进行动机测试。动机是胜任特征中最深层、最不易测试的成分，所以对动机的测试主要采用投射测验，让应聘者在没有控制的情况下，对多种含义模糊的刺激，不受限制地、自由地做出反应，从而不自觉地表露出人格特质。如主题统觉测验中，让应聘者将所看到的图片通过讲故事的形式予以描述，测试者就可以通过应聘者的描述分析出其面临的压力状况、求职的欲求及情感状况等。在卡特尔 16PF 人格测量中，为体现人格特点的 16 个因素，每个因素都以分值来体现。假如应聘者在乐群性上为低分，就说明他少言寡语，为人冷漠，性格孤僻。辅导员要善于与人交往，需要具有较好的人际关系协调能力。从这一点看，该应聘者就不适合做需要教育和管理学生的辅导员工作。运用心埋测试法选拔辅导员具有较强的科学性和预见性，是从定性向定量测评转变的有效载体。但由于心理测试法对测评主体的专业能力要求较高，成本投入较大，能够将其运用在辅导员职业准入测评中的高校目前还为数不多。

3．运用动态测试法

动态测试法就是将应聘者安排在辅导员岗位上实习，通过情景模拟考察法对应聘者在具体工作岗位上表现出的行为及心理表现进行考察，以判断他的胜任力特征。通过观察应聘者对学生冲突事件的处理，可以了解他在工作中是否讲原则，人际关系协调能力、语言表达能力、决策能力如何等；通过对应聘者撰写的工作方案、活动总结及新闻稿等进行分析，可考查他的组织策划能力及专业知识情况等；通过观察应聘者组织学生活动的情况，可以考查他对岗位的认可和投入程度、亲和力、组织能力、团队合作能力如何等；通过分析学生对他考评的结果，可以分析出他的职业角色定位是否准确，是否理解、尊重、关爱学生，是否关心学生的状况和思想道德水准等。

二、专业化培训

加强高校辅导员队伍专业化培训是高校辅导员队伍人力资源开发的重要途径。有效的培训有助于提高队伍素质，优化队伍结构，提升工作能力，增强育人效果。加强新时期高校辅导员队伍培训，应坚持科学的指导原则，优化培训环境，规范培训管理，不断增强高校辅导员培训的实际效果，畅通高校辅导员队伍专业化、职业化和专家化发展道路。

（一）明确培训的原则

加强新时期高校辅导员队伍培训是高校辅导员队伍专业化、职业化和专家化发展的必由之路。应坚持理论性与实践性相结合、系统性与层次性相结合以及发展性与长期性相结合的原则，组织开展高校辅导员队伍的培训工作。

1. 理论性与实践性相结合的原则

高校辅导员队伍培训是以高校辅导员队伍素质和能力的提升为目的的教育教学活动。思想政治教育是一门科学，辅导员必须通过相对系统的理论学习和培训，丰富和夯实自己的理论根基，掌握马克思主义基本理论，具备扎实的思想政治教育专业基础知识和相关知识，为科学开展大学生思想政治教育和管理工作奠定坚实的理论基础。培训的最终目的是把辅导员工作做得更好，这就要求辅导员培训要根据国家要求和社会发展的需要以及辅导员和大学生的成长与发展规律实施培训，在提高辅导员理论水平和认知能力的情况下，注重学以致用，创造实践机会，紧密联系新的形势和任务，联系辅导员的思想和工作实际，把传授理论知识同解决实际问题、总结经验、推进工作结合起来。

2. 系统性与层次性相结合的原则

有效的培训需要在通过对培训需求进行客观分析的基础之上，制定科学系统的、能体现层次和差异性的培训规划。在高校辅导员队伍培训中，坚持系统性原则需要全面分析受训群体的客观需要，有针对性地组织培训的内容，合理配置培训师资，科学选择和运用合适的培训方法，提高培训的针对性和实效性，避免培训的随意性、盲目性和无序性。系统性和层次性培训关注的是培训对象的客观需求和培训内容方法的具体运用，是一种自下而上的培训理念。坚持系统性和与层次性相结合的培训原则不仅可以科学合理地进行资源配置，避免人力、物力和财力的浪费，而且可以提升培训的吸引力，增强培训效果。

3. 长期性与发展性相结合的原则

高校辅导员队伍培训的长期性是受客观规律和队伍发展现实需要所支配的。培训的长期性与发展性是受高校辅导员队伍素质、能力提升的客观规律所支配的。任何人素质能力的提升都是一个循序渐进、从低到高的螺旋发展的过程，不可能一蹴而就，不可能一次性实现素质能力质的飞跃。坚持培训的长期性与发展性是为了满足教育对象和社会环境不断变化的现实需要。随着我国改革开放的不断深入，国际国内形势的深刻变化对大学生产生了新的影响，高校辅导员需要通过培训提高自己应对各种新情况、解决新问题的能力。全国高校辅导员队伍庞大，需要进行长期的、持续的教育培训。坚持发展性原则，需要高等学校力戒重使用、轻培养的片面认识。高校辅导员队伍建设者需要坚持以人为本、全面协调可持续的培训理念，将培训工作贯穿高校辅导员队伍职业发展的全过程，以战略的眼光组织辅导员培训，正确认识智力投资和人才开发的长期性和持续性，充分认识到加强高校辅导员队伍培训的核心目的是满足大学生人才培养的内在要求。高校辅导员通过专业化培训，不断更新自身知识和调整能力结构，提升职业所必需的各种素质，是顺应时代发展的必然选择。高校辅导员队伍应自强不息，自觉培养和树立终身学习的发展理念，不断提升综合素质和工作水平。

4．全面性与骨干性相结合的原则

加强高校辅导员专业化培训，应根据辅导员队伍的规模和数量，采取全面性与骨干性相结合的原则。全面性培养是指在实施辅导员队伍专业化培训中应注重全体辅导员整体素质的共同提高，通过岗前培训、系统轮训等途径，确保每一位辅导员都能接受相对系统的、全面的培训，从而提高辅导员队伍的整体素质。骨干性培养是指为实现专家化培养目标而采取的培训措施，其目的在于打造辅导员队伍中的核心领军人物和业内专家。坚持全面性与骨干性相结合也就是注重辅导员队伍培养量与质的辩证统一，这样既可以保证队伍整体素质的提高，同时又注重对专家型辅导员的打造，这是辅导员专业化培训应当遵循的基本原则。

（二）营造良好的培训氛围

实现高校辅导员队伍专业化培训需要优化培训环境。高校辅导员队伍培训的政策制度、经费投入、培训平台以及基础保障等方面都需要得到加强和落实。

1．营造良好的政策环境

一直以来，党和国家高度重视高校辅导员的培训工作，从政策层面为高校辅导员培训铺平了道路。各地、各高校应当紧密结合教育部关于高校辅导员培训的相关政策，制定相应的培训政策和制度，采取相应的措施，大力加强高校辅导员的培训工作。各地、各高校应紧密结合自身的实际情况，制定和出台相应的培训政策，扫清培训中思想认识、意识行为上的障碍，为辅导员培训定向护航，营造良好的政策氛围。

2. 加大培训投入

要在政策指导的基础上，采取实际行动和可行措施，加大培训的人力、财力和智力投入，确保培训工作和培训活动顺利开展。

一是加大培训的人力投入。开展高校辅导员专业化培训，需要设置专门的培训组织管理机构，国家、地方、高校应建立高校辅导员培训领导小组，负责决策、组织和实施。领导小组在整个教育培训中居于主导地位，对培训的质量和效果具有决定性的影响。同时，应该加强高校辅导员培训师资力量的建设和投入。应配备专人负责组织培训工作，使培训管理和组织工作持续发展。培训师资队伍是实施高校辅导员队伍培训的教学主体，决定着培训的质量和效果。

二是增加培训的财力投入。在市场经济条件下，实现高校辅导员的专业化培养需要一定的财力投入，在经济上保障各项培训工作正常进行。一方面，国家和地方财政要加大辅导员培训基地等培训平台建设经费的投入。另一方面，要保证培训运行经费，其中应包括培训组织管理机构的运行经费，划拨和预留专项经费用于培训教职员工等的工作酬劳。各高校应按照学校教师培训经费的标准，划拨辅导员学习交流和考察实习等培训专项经费。为保证辅导员培训的财力投入，国家应以法律法规的形式进行明确规定。从筹集范围来讲，辅导员的培训经费应包括行政划拨和自筹经费两个部分，在齐抓共管的格局下保障辅导员培训经费到位。只有加大高校辅导员培训经费的投入，培训组织者才能更好地组织和实施培训，广大辅导员才能更好地投入培训和学习之中，保证培训的可持续发展，实现更好的效果。

三是增强培训的智力投入。迄今为止，招聘时高校辅导员还没有设立专门的学科背景门槛，高校辅导员专业背景多样，不利于其职业化和专业化发展。目前虽然将思想政治教育专业学科作为辅导员开展工作的基础性学科，但是真正思想政治教育专业科班出身的辅导员人数较少。同时，即便是具备思想政治教育学科背景，也难以满足当前大学生思想政治教育和管理工作的现实需要。因此，在辅导员培训中应加大培训的智力投入，以教育部和地方高等教育主管部门为牵头单位，积极组织专家、学者，以及教育主管领导等共同设计培训方案，编写贴近当前辅导员工作实际的培训教材。加强智力投入是高校辅导员专业化培训中辅导员理论提升和规律探索的重要途径和根本措施。不对高校辅导员培训实施必要的智力投入，难以提高辅导员的培训效果和质量。

3. 搭建培训平台

要实现高校辅导员专业化培训，需要搭建专业化的培训平台。搭建辅导员培训的平台，需要从理论提升、实践锻炼和网络开发等层面进行普及和加强。

一是构建三级培训平台。从平台建设的层次上讲，可以建构以教育部领导的全国高校辅导员培训和研修基地的国家级平台，以地方高等教育主管部门领导的地方培训平台和以高校为主体的校本培训平台。从目前的情况来看，各地培训基地发展还很不平衡，在校本培训方面，各高校发展极不平衡，需要继续加强建设。虽然有不少高校能够紧密结合高校人才培养、学校和辅导员发展的现实需要，严格遵照教育部和本地辅导员培训的政策文件进行系统全面的辅导员校本培训，但大部分高校仍未能很好地组织辅导员校本培训，呈现出培训内容零散、培训时间随机、培训质量不高等特点。为此，需要进一步加强对辅导员校本培训的探索和研究，加大对各高校校本培训的指导和考核，确保系统的校本培训能为辅导员素质的提高、业务技能的提升做出积极的贡献。

二是建立辅导员培训的实践基地。高校辅导员工作是一个理论性和实践性并存的职业。加强辅导员专业化培训需要建立辅导员的培训实践基地，让广大辅导员在鲜活的现实生活中不断完善自我，提升技能。地方高等教育主管部门和各高校可以根据辅导员工作的职业特质和工作的实际需要建立当地的社会实践基地。有条件的省市或高校还可以开设辅导员心理健康或职业生涯规划工作坊，全面加强高校辅导员培训的物力投入，为辅导员专业化培训搭建良好的平台。

三是建立辅导员网络培训平台。加强高校辅导员培训不仅需要建立与学生工作等相关的纸质书刊和电子图书库，而且需要建立网络学习平台、交流平台以及网络培训资料库。通过现代先进的软件和网络技术推进辅导员网络学习平台建设，让广大辅导员在网络上进行自主学习、讨论交流、接受专家指导以及教学研究。同时，通过设置不同层次、不同内容的学习模块，满足不同层次辅导员的具体需求。

（三）加强培训的管理

系统规范的培训管理是高校辅导员专业化培训的重要内容和有机组成部分，有助于各项培训工作有序推进，全面提高专业化培训的质量和效果。规范培训管理需要全面分析辅导员的培训需求、制订中长期培训计划、系统组织实施培训和考核评价培训。

1. 分析培训需求

高校辅导员培训和其他培训活动一样，需要进行必要的培训分析。客观实施高校辅导员培训需求分析是提高培训针对性和实效性的基础和前提。根据培训管理理论，培训分析主要分为组织分析、任务分析和员工分析。同样的道理，高校辅导员培训分析可以分为组织发展目标需求分析、工作任务需求分析以及辅导员发展需求分析。

2. 注重培训过程管理

切实提高辅导员专业化培训效果，需要加强对培训实施的过程管理，确保培训工作有序推进和培训质量的整体提高。为此，需要充分发挥培训组织机构的培训职能，加强对培训师资队伍教育培训的管理和接受培训的辅导员培训期间的管理。

3. 加强对培训的考核评估

切实加强对高校辅导员培训的考核评估既可以检验培训的效果和质量，同时又可以优化和改进培训方法，是专业化培训的必要环节。根据培训管理相关理论，广义的培训评估是指对培训项目、培训过程和效果进行评价。狭义的培训评估主要是指对培训的最终效果进行评价，是培训评估中最为重要的部分，也是目前最常见的一种评估，其目的在于衡量培训的效益，为后期培训计划、培训项目的制订与实施等提供有益的帮助。

（四）完善培训内容体系

高校辅导员队伍专业化培训需要进行系统专业的内容设置与开发。为此，要根据高校辅导员专业化培训的目标和任务，从满足高校大学生思想政治教育与管理工作的需要出发，结合辅导员自身发展的实际情况进行课程设置和内容开发。为满足当前和今后一段时期内高校辅导员专业化培训的需要，各级辅导员培训组织管理机构应整合资源、集中优势，从高校辅导员的专业知识和业务技能层面建构培训内容体系。

1. 完善专业知识的培训体系

辅导员专业知识内容体系主要是指支撑辅导员科学有效地开展大学生日常思想政治教育和管理所应具备的专业背景和专业知识储备。由于没有专门针对辅导员开设的学科专业，辅导员的专业背景复杂多样，即便是思想政治教育学科专业背景的辅导员也难以满足当前大学生日常思想政治教育和管理的现实需要。只有不断加强辅导员专业知识内容体系的开发，以科学的理论武装辅导员的头脑，指导辅导员工作实践，才能提高其教育、管理和服务大学生的水平，促进高校辅导员专业化发展。

2. 完善业务技能的培训体系

专业技能主要是指人们解决具体问题、完成具体任务时所必须具备的各种能力。辅导员的专业技能是辅导员工作水平的直接体现，也是辅导员社会价值和社会认同的物质中介。

（五）科学选择培训方法和路径

创新辅导员培训方法，需要对培训需求分析、培训目标设定和培训内容体系进行具体分析，坚持传统与现代相结合、理论教学与实践认知相结合、内部提升与外部借鉴相结合，充分发挥培训主客体的积极性，全面提高辅导员培训的针对性和实效性。

1. 科学选择培训方法

随着培训理论和培训技术的不断发展，新的培训方法不断涌现。全面分析辅导员培训方法的优劣，有助于科学选择培训方法，增强培训效果。

2. 合理选择培训途径

在实施培训需求和培训内容分析之后，需要有针对性地选择合理的培训途径。围绕培训目标，可以选择以项目为核心的科研提升途径，以学术交流为核心的技能提升途径，以学习为核心的知识提升途径。

一是要组织辅导员主持或参加社科基金项目研究。实现高校辅导员队伍的科学发展，需要搭建高校辅导员队伍的科研平台，逐步提高他们的科研能力，逐步实现他们从经验型向科研型、从事务性向科学性方向发展。由于各地、各高校对辅导员队伍的重视程度不一，教育部的科研项目相对有限，因此各地和各高校每年都应设置适用于辅导员队伍的专项科研项目，在政策上予以倾斜，让更多的辅导员能主持或参与到项目研究之中。除此之外，还应搭建辅导员队伍科研项目的支撑平台，其目的是让辅导员或辅导员团队通过课题立项申报，获取科研经费支持，在一定的时期内专门攻关相关课题，提升辅导员的科研能力，积累科研成果，提高育人本领，为职业化发展奠定基础。

二是要加强辅导员队伍的学术交流。通过组织不同层次、不同级别的高校辅导员工作论坛，搭建辅导员队伍理论研讨和工作交流的平台。根据辅导员队伍职业化发展的要求，各地可以借鉴教育部组织的全国高校辅导员工作创新论坛的运行模式，每年提前将论文征集的基本要求广泛宣传，收集学术论文，在专家评审的基础上挑选优秀的论文汇编成册，供全体辅导员学习借鉴。还可以组织开展大学生思想政治教育、心理健康、职业生涯辅导、社会实践或学生事务管理等专项性经验交流会，通过开展小组讨论、座谈或参观红色基地等方式，搭建辅导员学习、交流的平台。搭建辅导员队伍的学术交流平台，不但可以在辅导员队伍内部实现信息、资源和经验共享，更重要的是能够让广大辅导员在交流学习的过程中感受和增强归属感、荣誉感和责任心，这对于提升辅导员队伍的社会声誉和推进辅导员队伍职业化发展具有极其重要的作用。

三是要提供辅导员队伍的学习指导。鉴于具有思想政治教育专业背景的高校辅导员比例较少，博士、硕士学历比例不是很高的情况，有必要实施辅导员导师制，搭建辅导员的学习指导平台。高校可充分利用本校马克思主义学院、思想政治教学部的专业教师资源和领导干部资源，为辅导员配备专业理论导师和业务指导教师，从组织层面上不断加强辅导员队伍的基础知识储备和业务技能。可以由资深辅导员牵头组建学习型辅导员团队或专业性协会，充分发挥队伍内部成员的特长和优势，使辅导员们在理论提升、经验传承、实践创新等方面互帮互助，共同进步。

与此同时，各级培训单位还需要积极为辅导员提供国内国际交流、考察和进修的机会，通过校企挂职，校际、校内岗位轮换等途径，拓宽辅导员的视野，增强培训效果。

三、职业化发展

高校辅导员队伍职业化是在高等教育行政组织推动和辅导员队伍共同努力的基础上，实现高校辅导员从普通岗位向一种社会所认同的职业转变的建设和发展过程。高校辅导员队伍职业化发展是辅导员成为一种职业的必经之路，也是高校辅导员职业获得社会价值认同的内在要求。

（一）完善辅导员专业技术职务评聘制度

国家应完善高校辅导员队伍的职称评定制度，以体现辅导员的社会地位、工作价值、业务技能和学术水平，充分体现对辅导员队伍的尊重与认可。完善辅导员专业技术职务评聘是改善队伍职称结构的重要途径，有助于维持队伍稳定，推进队伍职业化发展。

1. 成立高校辅导员专业技术职务评聘评议小组

根据“指标单列、条件单列、评审单列”的原则，各地高等学校教师职务评审委员会中应当单独设立学生思想政治教育学科评议组，负责评审本地高校学生思想政治教育工作者的高级专业技术职务任职资格，将辅导员队伍的专业技术职务评聘纳入其中，并依据与其他专业教师的比例数单列指标。具有评审权的高校直接设立学生思想政治教育学科评议组，负责本校辅导员和其他学生思想政治教育工作者的专业技术职务评聘和推荐工作。

2. 科学设置职称评定等级

参照专业教师职称评定等级，辅导员队伍职称等级同样分为助教、讲师、副教授、教授四个等级。根据专业教师职称评聘时间规定，考虑到辅导员工作的实际情况和政策倾斜，辅导员职务评聘的工作年限可以规定为除助教工作一年后评定外，其余职称级别在辅导员每教完一届学生的时间段内进行评定。

3. 科学建立职称评聘指标体系

根据高校辅导员队伍的工作职责和工作性质单列指标，注重考评辅导员“德能勤绩廉”五项指标，将学生评价和工作实效纳入考评体系，科学赋值、合理化权重，量化考评。助教、讲师要关注辅导员平时的工作表现和特殊时期的表现，侧重并适当降低科研成果的标准；副教授和教授评聘时既要注重辅导员的工作业绩，也要适当考核辅导员的科研成果。

4. 职称指标单列，合理调节职称比例

高校应按照不低于现有专业教师现有职称等级的比例为辅导员队伍分配比例。在科学考核的基础之上评聘副教授、教授级辅导员，并确保校内相应职称的待遇，填补高校教授级辅导员的空白，打造合理的队伍建设梯队，培育专家化辅导员。只有建立和实施高校辅导员队伍职称评定制度，才能从机制上、根本上保障辅导员队伍的发展，提升工作积极性，从源头上解决队伍流失严重、稳定性差的局面。

（二）实施辅导员行政职务评定

基于高校辅导员管理者的角色，应对高校辅导员实施行政职级评定机制。实施辅导员行政职务评定，是对辅导员专业技术职务评聘的有效补充，是解决部分辅导员工作表现突出，大学生思想政治教育与管理效果优异，但因其学术科研能力较弱而未能评聘专业技术职务的辅导员的发展出路的有效途径。

1. 科学设置职务晋升等级

目前，高校内部处级干部岗位的数量与辅导员自身发展的需求存在突出的供需矛盾，迫切需要建立和完善辅导员队伍职务晋升制度。高校可根据校内职能部门管理岗位设置情况，让辅导员享受初级、副科、正科、副处、正处五个职务级别的待遇，根据相应的工作年限和标准予以对应级别的晋升。

2. 科学拟定职务晋升指标

应根据“高等学校应当制定辅导员管理岗位聘任办法，根据辅导员的任职年限及实际工作表现，确定相应级别的管理岗位等级”的要求，参考辅导员职称评定指标的基本要求，侧重强调辅导员平时工作表现、特殊时期的表现和工作年限，在对高校辅导员全面考核的基础上，确定相应行政级别，享受校内其他行政级别的相应待遇。

3. 优化职务晋升方法

建议在高校年度考核的前提下，按“3n＋1”的年限予以晋升。n代表职务的级别（初级＝0，副科＝1，……）。除了年限条件外，还需要根据考核优秀次数等相关条件，进行破格、正常、延迟晋升，从而有效地促进辅导员队伍的发展。

（三）拓展职业纵深发展渠道

随着高校辅导员工作职责不断增强、工作覆盖的内容不断增多、教育管理的难度不断增大，那种面面俱到、仅凭单个辅导员一己之力教育管理几百名学生的传统工作方式已经难以满足现代高等学校学生教育管理的客观需要，不仅工作效果大打折扣，而且极不利于辅导员队伍的职业化发展。应根据教育管理的客观需要，开辟以大学生思想政治教育和管理为主线，侧重心理辅导、职业引导、学业指导和学生事务管理专门化的纵深发展渠道，这是推进辅导员职业化发展新的着力点和突破口。

1．侧重思想政治教育职业化发展

高校辅导员队伍的根本职责就是对大学生开展思想政治教育，培养中国特色社会主义合格建设者和可靠接班人。因此，高校辅导员应夯实自身马列主义理论基础，系统掌握思想政治教学原理、思想政治教育方法论等专业知识，根据思想政治教育方向的专业技术职务评聘的要求，走职业化发展道路。通过不断学习和培训，用理论指导实践，使自己逐步成为大学生思想政治教育领域的专家、学者和领军人物。

2．侧重心理健康教育职业化发展

为了促进大学生健康成长，对大学生实施必要的心理辅导是高校人才培养的必要环节，是对大学生思想政治教育的有益补充。为满足大学生心理健康教育的现实需要，高校辅导员可以选择心理辅导职业化发展。辅导员通过系统的专业心理辅导培训和参加国家心理健康教育的资格考试，成为合格的心理咨询师，使自己了解和掌握大学生心理健康教育的专业基础知识，能科学运用心理健康测试的先进方法进行科学诊断，有针对性地对大学生实施心理健康咨询、心理健康教育，能够有效识别大学生的心理问题并进行心理干预，为大学生的健康成长保驾护航。高校辅导员走心理健康辅导职业化发展道路，就是要使自己在心理健康教育方面不断学习和积累，逐步成为初级心理咨询师、中级心理咨询师和高级心理咨询师。

3．侧重职业生涯辅导职业化发展

随着我国高等教育规模不断扩大，大学生毕业人数大量增加，大学生就业压力也在增大，大学生就业成为当前高校最现实、最紧迫的问题之一。加强对大学生职业生涯的辅导对于提高大学生就业率和就业质量，有效实现人才资源的优化配置，以及促进学校发展都具有重要的意义。这需要辅导员对大学生的职业定位、自我认知、择业决策、职业生涯规划和事业发展、职业道德等领域进行指导，帮助大学生科学地进行职业定位，拥有积极乐观的就业心态和系统扎实的知识、技能储备。为此，高校辅导员可以通过参加职业培训师教程（TTT）和全球职业规划师（GCDF）等专业性职业生涯发展规划的培训，成为优秀的职业生涯规划师，为学生的成长和发展做出科学的引导。

四、系统化评价

对高校辅导员队伍建设进行评价，是为了总结和评估队伍建设过程中存在的问题与不足，为采取有效措施改进和加强队伍建设提供有力的依据和保障。科学化评价辅导员队伍建设需要明确高校辅导员队伍建设评价的意义，在遵循客观规律的情况下，构建系统、科学的评价体系。

（一）充分认识高校辅导员队伍建设评价的意义

当前，高校辅导员队伍建设评价还未引起理论界和学术界的高度重视，但其重要的工具价值却关系到高校辅导员队伍建设的成败和每一个辅导员自身的发展。充分认识高校辅导员队伍建设评价的意义，对于科学建构评价指标体系、全面贯彻落实“以人为本”具有重要的价值。

1. 高校辅导员队伍建设评价是辅导员队伍建设持续发展的重要保证

根据系统论观点，一个完整的系统应当包含输入、输出、控制、反馈等环节，这样才能组成完整的闭环系统。高校辅导员队伍建设如果只关注输入、输出，对系统内在或外界的干扰不能进行有效诊断，不能依靠反馈形成闭环系统的话，其建设效果可想而知。因此，高校辅导员队伍评价本身就是队伍建设过程之中的重要环节，而且是必不可少的环节。改革开放以来，党和国家高度重视大学生思想政治教育，恢复了一度中断的高校辅导员制度，重申了辅导员在高校人才培养中的重要地位和作用，大力开展高校辅导员队伍选聘、管理、培养、考核和发展等一系列制度的设计与创新，积极探索高校辅导员队伍建设的长效机制。评价作为高校辅导员队伍建设的重要内容和环节，有助于促进高校辅导员队伍建设及其他机制的健全和完善。事实上，开展高校辅导员队伍评价过程，就是对各地、各高校辅导员队伍建设工作的检查、指导、诊断和督促。通过客观准确的评价，使评价主体对高校辅导员队伍建设的工作情况和工作效果有一个全面清晰的认识，对高校辅导员队伍建设的效果进行准确衡量，为持续推进辅导员队伍建设工作提供客观依据，以便发现队伍建设在哪些方面还存在不足，从而为制定新的改进措施提供指导性和建设性意见，进而推动辅导员队伍建设的可持续发展。

2. 高校辅导员队伍建设评价是高校辅导员职业发展的重要保障，是实现高校辅导员队伍建设目标的重要途径

高校辅导员队伍建设评价关乎我国高校辅导员队伍成长、发展中的切身利益，需要考察辅导员职业的准入机制、培训机制、管理机制和发展机制等内容，有助于确立辅导员的职业边界、职业门槛，提升辅导员的职业地位。高校辅导员队伍建设评价还可以科学定位高校辅导员队伍的工作职责，将辅导员从事务型的工作模式中解放出来，使其把主要的时间和精力投入大学生思想政治教育和管理等核心工作中，为实现专业化、职业化和专家化创造条件。同时，在科学评价的基础之上，还可以促使高校客观认识辅导员队伍建设中存在的突出问题，进一步制定和完善辅导员职业的标准体系，提高辅导员队伍的整体素质，增强辅导员队伍的职业认同感和归属感，增强辅导员工作的社会影响力和实效性。在高校辅导员队伍建设评价中，高校辅导员本身既是评价的主体又是评价的客体。通过辅导员队伍的自我评价、形成性评价和终结性评价，使辅导员发现自己的优势与不足，从而有针对性地实现自我认识、自我改

变、自我完善和自我超越，为自身业务素质的提升提供指导和帮助。

3. 高校辅导员队伍建设评价能够引导建设主体重视辅导员队伍建设

通过辅导员队伍建设评价体系的建构，各地、各高校的辅导员队伍建设主管部门能够更加明确自己的工作职责和工作要求，并且按照评价体系的要求去贯彻执行，认真检验高校辅导员队伍建设工作落实的效果，在工作中不断探寻新的方法和措施，真正形成责任明确、职能清晰的辅导员队伍建设和管理格局。同时，评价的基本功能包括及时将评价的结果反馈给组织管理者，使组织管理者针对反馈信息及时采取有针对性的措施，对存在的问题进行改进。在全国范围内开展高校辅导员队伍建设的科学评价，有助于在各地、各高校间形成对比与竞争。根据建设评价的反馈信息，让各地、各高校明确自身在辅导员队伍建设中存在的差距，便于其采取有效措施加以改进和加强。如果高校辅导员队伍建设只有布置没有检查，只有要求没有考核，再好的政策和措施都难免流于形式。同时，为了充分体现评价在高校辅导员队伍建设中的重要作用，辅以必要的奖惩措施是确保高校辅导员队伍建设成功的重要举措。

（二）构建高校辅导员队伍建设评价指标体系的原则

建立高校辅导员队伍建设评价指标体系，需要尊重队伍建设内在的客观规律，深入研究队伍建设的指导思想、核心要素和过程环节，坚持以内容方面的系统性、操作层面的可行性以及队伍自身的发展性原则为统揽。

1. 系统性原则

高校辅导员队伍建设是一项系统性工程，它决定了辅导员队伍建设评价的系统性。需要从系统和联系的观点研究辅导员队伍建设的评价指标体系。一是评价指标内容的完整性。建立高校辅导员队伍建设评价指标体系，需要对辅导员队伍建设的关键事件进行全面分析，做到不遗漏空缺、不重复交叉，体现指标体系内在的完整性、统一性与严谨性。辅导员队伍建设包括选拔配备、培养发展、考核管理等内容，这既是队伍建设的过程环节、方法途径和体制机制，又是设计队伍建设评价指标体系的核心内容。只有对辅导员队伍建设的过程环节准确诊断、客观评判，才能全面掌握队伍建设的实际情况，为有针对性地解决辅导员队伍建设中存在的困难和问题提供决策和指导。二是注重评价指标体系的逻辑性与层次性。科学的评价指标体系不应是各个指标的简单堆砌与罗列，而应在科学理性分析的基础上体现出各评价指标在理论上的逻辑性以及评价指标不同权重的层次性。

2. 发展性原则

建立和设计高校辅导员队伍建设评价指标体系应在聚焦辅导员队伍建设目的性的同时，积极关注辅导员自身的发展性，辩证统一地处理发展性与目的性的关系。高校辅导员队伍建设的直接目的是提高辅导员的思想政治素质和业务能力；间接目的是促进和推动高校自身的改革和发展；根本目的是提高青年学生的思想政治素养，促进青年学生全面发展，而事物发展的根本标志是提高其存在的价值。建立辅导员队伍建设评价指标体系需要抓住阻碍和束缚辅导员队伍发展的主要矛盾，以求用科学的评价指标体系促进高校辅导员队伍建设。因此，聚焦辅导员队伍建设的目的性，关注辅导员自身的发展性、高校发展的持续性和学生成长的宗旨性应是科学建构评价指标体系的题中要义。对学校、辅导员和青年学生三者而言，在辅导员队伍建设评价指标体系中，辅导员居于核心地位，目的是通过辅导员自身的全面发展推动学校的建设、改革和发展，促进青年学生的全面发展，切实提高高校人才培养质量。

3. 科学性原则

高校辅导员队伍建设评价不应只停留在实践感性的认识层面，而要上升为科学理性的价值追求，应在科学理论的指导下深入研究。一是评价指标体系的科学性。需要根据测量学的基本理论，充分运用关键绩效指标（KPI）理论确定核心指标体系，利用多元智能理论避免指标体系的片面性，利用全方位的绩效考核法确保评价主体的全面性。二是评价操作的可行性。所谓可行性，就是考核的目标要清晰具体，要使较为抽象的考核项目具体化和直观化，以增强其可度量性和可操作性。因此，在设计评价指标体系时需要关注操作运行的便捷性、资源成本的节约性和评价结果的可比性，只有这样，设计和选取的评价指标才具有价值和意义。三是评价数据的科学性。根据现代测评学的基本理论，需要对采集到的辅导员队伍建设评价指标体系的数据信息进行信度、效度和区分度等的检验，依托现代先进的测量技术和方法，考虑各指标的权重、常模等，以用于衡量和比较评价信息的结果。

（三）科学确定高校辅导员队伍建设评价指标体系

高校辅导员队伍建设评价指标体系是指由表征高校辅导员队伍建设特性及其相互关系的具体指标所构成的具有内在结构的有机整体。建立高校辅导员队伍建设评价指标体系，有助于丰富和发展高校辅导员队伍建设的理论基础，有效诊断、全面掌控辅导员队伍建设的实际效果，科学引领和全面推进高校辅导员队伍建设。基于建立高校辅导员队伍建设评价指标体系原则的分析，结合对辅导员队伍建设的政策文件、理论研究成果和实践规律的总结，需要建立三级评价指标体系。

1. 思想认识指标

设置高校辅导员队伍建设评价的思想认识指标是为了检测高等学校以及辅导员个体对高校辅导员队伍建设的思想认识和重视程度，是辅导员队伍建设的前提。一直以来，党和国家高度重视高校辅导员队伍建设，辅导员队伍逐渐向专业化、职业化和专家化方向发展，但就全国而言，各地各高校之间辅导员队伍建设发展仍不平衡，有的地区和高校的辅导员队伍建设还存在一些亟待解决的问题，原因之一是辅导员队伍建设主体对辅导员队伍建设的思想认识不深以及重视程度不够。为此，应在思想认识指标体系下设高校辅导员队伍建设的政策执行指标、领导重视指标以及辅导员自身价值认同指标三个二级指标。

2. 过程环节指标

高校辅导员队伍建设评价的过程环节指标是为了评价队伍建设的运行过程，是队伍建设评价的关键环节。辅导员队伍建设有其内在的规律和机制，就队伍建设的组织方式和运行模式而言，主要涵盖了队伍的组建、培养、发展和管理四个环节。因此，辅导员队伍建设评价的过程环节指标体系中应当包含辅导员队伍的选拔、培训、发展和管理四个二级指标，旨在检测队伍建设各环节的执行和落实情况。辅导员队伍建设主体既要建章立制、有章可循，又要保证数量、提升质量，同时还要科学管理、关注发展，最大限度地激发辅导员的工作激情，提升辅导员的育人效果。

3. 目标效益指标

高校辅导员队伍建设的目标效益指标，既是为了检测辅导员队伍建设本身最终的效果，同时也是为了检测辅导员开展工作的实际效果，是辅导员队伍建设评价的价值归宿。高校辅导员队伍建设作为一项社会实践活动，其建设效果体现为辅导员队伍自身建设成效以及辅导员对学生培养的质量方面，是辅导员队伍建设的目标。通过加强辅导员队伍建设，一方面使辅导员队伍的数量、质量不断提升，结构不断优化；另一方面要不断使辅导员所教育和管理的学生能够更加全面发展，人才培养的质量不断提升。因此，辅导员队伍建设评价目标效益指标中应包含辅导员队伍的数量、质量、结构和效益四个二级指标，其核心是检测辅导员队伍建设的实际效果和社会效益。

（四）深入开展高校辅导员队伍建设评价的攻略

建立高校辅导员队伍建设评价指标体系的目的是通过实施科学有效的评价，为加强和改进辅导员队伍建设提供理论指导和制度保障。因此，需要科学界定高校辅导员队伍建设评价的主体，科学运用评价结果推进辅导员队伍建设。

1. 明确界定高校辅导员队伍建设评价的主体

宏观上看，与辅导员队伍存在一定社会关系的组织和个人都是辅导员队伍建设的主体。微观上看，辅导员队伍建设的主体是对队伍建设产生最直接影响的高等学校、学工组织和院系及其相关领导。辅导员自身既是队伍建设的主体，又是队伍建设的客体，因为辅导员队伍建设的最终目的集中体现为辅导员个体素质能力、工作水平的提高以及辅导员队伍结构功能的最优化。只有科学界定辅导员队伍建设的主客体，才能激励其端正思想、提高认识，真正贯彻落实党和国家关于辅导员队伍建设的各项政策和文件，积极主动地采取有效措施，切实加强辅导员队伍建设。

2. 科学有效地开展高校辅导员队伍建设的评价

实施高校辅导员队伍建设评价需要紧密围绕评价指标体系，开展上级组织实地考评、高校自评和辅导员自评三级评价的信息采集模式，以全面获取和掌握辅导员队伍建设的实际情况。

上级评价主要是地方教育主管部门从管理者的角度，对高校辅导员队伍建设情况进行评价。一方面，上级教育主管部门是高校辅导员队伍建设各项制度的制定者，对于各高校开展辅导员队伍建设具有指导、监督和考核的职责；另一方面，上级教育主管部门对于本地乃至其他各地高校辅导员队伍建设具有较为全面的了解，因此在考核评价辅导员队伍建设中具有较高的可信度。在高校自我评价中，高校应坚持实事求是、客观公正和严肃认真的原则，既要开展批评与自我批评，客观剖析诊断、如实总结分析本校辅导员队伍建设中取得的成绩和存在的问题，又要通过与其他高校的比较，查找自身在辅导员队伍建设中存在的差距。高等学校是辅导员队伍建设最直接的主体，也是培养辅导员最主要的阵地，本校辅导员队伍建设效果如何，高校最具发言权。辅导员是建设过程中的参与者和受益者，辅导员队伍建设的效果，辅导员具有最为切身的感受和体会。因此，辅导员在进行队伍建设评价采集数据时，应消除各种顾虑，客观公正地反映队伍建设的实际情况和存在的问题，确保信息采集的真实性。只有通过上级组织实地考评、高校自评和辅导员自评三级评价信息采集模式，才能确保高校辅导员队伍建设评价数据采集的真实性，为科学开展辅导员队伍建设评价提供有价值的原始信息。

3. 科学运用高校辅导员队伍建设评价指标体系

实施高校辅导员队伍建设评价是高校辅导员队伍建设的重要环节，但若只有评价，而忽视对评价结果的反馈与应用，就达不到以评促建的根本目的。评价的主要功能不在于甄别，而在于以评价促进建设、促进发展，以评价过程中反映出的信息，鼓励评价对象发现问题、完善自我，以此促进个人的发展和社会的发展。因此，需要及时反馈高校辅导员队伍建设评价的结果，加大对评价结果的有效运用。在分层管理思想的指导下，上级教育主管部门应加强对高等学校辅导员队伍建设的监督，制定并实施科学合理的奖惩机制，结合高校辅导员队伍建设评价结果，对辅导员队伍建设不达标、不合格的高校予以通报并限期整改，对先进典型的高校予以表彰和奖励，有效促使高等学校严格贯彻落实辅导员队伍建设的方针政策，扎实推进高校辅导员队伍建设。建立辅导员队伍建设责任连带机制，将高校辅导员个人素质能力和工作业绩与绩效工资和发展晋升相结合；将高校辅导员队伍建设的实际效果与高校主要负责人和分管领导的年度考核相结合；将高校辅导员队伍建设的实际情况与高校招生名额、本科教学评估和财政经费划拨相结合，以科学的奖惩制度切实激励高校深入推进辅导员队伍专业化、职业化和专家化建设。

第四章　高校辅导员职业化探究

第一节　高校辅导员的职业准入

从我国高等教育发展现状看，辅导员队伍建设的改革必须以进一步规范职业准入制度为首要目标，参照职业市场惯例，规范准入程序，创造公开、公平、公正的竞争环境，为职业化发展提供重要的人力资源基础。实践证明，要打造一支敬业精神好、工作能力强、专业水平高、学术素养厚的职业化发展的辅导员队伍，高校应在职业准入原则、职业准入程序和职业准入管理等三个方面建立规范、明确的制度体系，在制度层面上保障辅导员职业化发展的方向。

一、职业准入的原则

职业准入是职业化的前提，有一个明确的高校辅导员职业准入机制，是高校辅导员职业化发展的重要保障。因此，制定一套合理的适应高校人才培养新形势和新要求的辅导员从业标准，实行严格的资格准入制度，把真正能够从事大学生思想政治教育工作的人才选拔到辅导员队伍中来，是推动辅导员队伍的专业化培养和职业化发展的关键。必须坚持“严格标准、精心挑选、优化结构”的“高进”原则，确保高校辅导员队伍的质量。

（一）严格标准

高校辅导员的教育劳动是一种职业性的劳动，要胜任辅导员的教育劳动就得需要制定职业准入的具体要求。相对于一般的教学活动，大学生的思想政治教育与管理、服务、咨询等工作具有自身的特殊性和专业性，从业者必须有很高的综合素质和能力才能胜任。因此，制定一套合理的适应高校人才培养新形势和新要求的辅导员从业标准，实行严格的资格准入制度，把真正能够从事大学生思想政治教育工作的人才选拔到辅导员队伍中来，是推动辅导员队伍的专业化培养和职业化发展的关键。

高校辅导员工作具有自身的特殊性，包含多层次的职业标准。辅导员的任职条件大致应包括：有大学本科以上学历，符合高等学校教师任职条件；心理和身体健康；具有较高的政治思想素质，是中共党员；具有强烈的事业心、责任感和奉献精神，具有高尚的道德情操；具有辅导员职业所需的专业知识结构和职业技能，思想政治教育专业毕业或具有思想政治教育专业知识背景。

辅导员角色必须具有较高的政治素质，这是具有中国特色社会主义大学的特有之处。学生日常思想政治工作是高校辅导员的重要工作内容，辅导员是高校中大学生思想政治教育的骨干力量。也就是说，高校辅导员应坚持社会主义办学方向，贯彻落实党的教育方针，开展以思想政治教育为主要内容的德育工作。实践也表明，共产党员担任辅导员工作，能够保障贯彻和落实大学生思想政治教育的基本要求，能够有力地促进大学生政治素养的提高，有利于大学生树立正确的世界观、人生观和价值观。

（二）精心挑选

由于辅导员的工作性质决定了必须政治立场坚定、品行端正，具有与工作相适应的专业知识、职业素养和职业能力，这就要求辅导员应该在中共党员中选拔，并且具备本科以上学历和一定的生活阅历，具备较强的组织管理能力、协调沟通能力和语言文字表达能力。根据这些条件，在选聘过程中学校应对应聘者的个人客观基本情况进行资格审查，淘汰那些不符合基本条件的应聘人员。

在招聘过程中，在精心培养本校优秀学生留校工作的基础上，坚持面向全国高校选拔担任过主要学生干部、中共党员的人员加入辅导员队伍。学校需要审查应聘者档案所在单位出具的党员证明材料等相关材料，对于其中已经加入中国共产党，或者是预备党员的应聘者给予重点考察。同时对于在高校就读期间担任过主要学生干部（指班长、团支部书记、校学生会部长以上等职务），或校级以上优秀毕业生党员，可以优先考虑。

拓宽准入渠道，增加辅导员的来源也十分有利于辅导员队伍的发展。高校辅导员队伍的来源将不再局限于年轻的高校毕业生，可将视野拓展到更广阔的社会大环境中，从社会上求得热心社会工作、青年工作而又有此职业资质的人员从事辅导员工作，借助于他们更为丰富也更具社会人角色的社会经验，为学生提供更有针对性的辅导。通过辅导员队伍的多元化和学校与社会间的双向流动，形成高校辅导员队伍的立体式流动格局。

作为辅导员职业化内在条件的重要方面，辅导员选拔也应遵循一定的程序：一是公选制，即学校面向社会公开选拔辅导员；二是考核制，即采用发布信息、个人报名、组织考察确定人员进行相关职业技能考核等选拔程序。在选拔辅导员时，应根据学校长远规划、思想政治工作的开展规划制定辅导员的总体人数和群体结构，从源头上把关，坚持高标准、严要求，实现辅导员队伍知识化、专业化。

（三）优化结构

职业准入的要求与高校辅导员的职业定位密不可分。在工作实践中，辅导员的角色定位是多重性的。为了确保辅导员队伍的良性发展，在辅导员职业准入中必须坚持结构优化的原则。

首先是学历结构的优化。辅导员的学历结构应根据所在学校的办学层次和办学特色有所选择、有所侧重，具体可以包含从本科、硕士到博士三个层次。其中优秀的本科生，特别是在校期间担任过主要学生干部或参加过工作的人员的个人素质和实际操作能力比较强，投入工作速度快，而硕士生、博士生可以在理论研究上、工作理念上有所突破。优化辅导员学历层次，形成合理的学历梯队，让不同层次的辅导员发挥各自的优势，是建立高校辅导员准入制度的基本原则，这有利于突破辅导员工作长期处于低水平、理论性欠缺的现状。

其次是专业结构的优化。面对众多的应聘者，学校在注重辅导员学历层次的同时，还应适当关注辅导员的专业背景，尽量依托专业优势，增加辅导员今后的指导力。辅导员队伍学科结构丰富多彩，这既有助于多种校园文化的互相借鉴、优势互补，避免“近亲繁殖”，有利于形成创新性的育人环境；同时也有助于辅导员队伍的自身建设和平衡发展，形成合理的发展结构和成长渠道。只有具备相应的知识水平和专业背景的人，才能顺应辅导员职业化的趋势，才能更好地指导大学生从事学习和生活。学校对最终确定的入选者也可以按照其学科背景和能力优势，合理安排相应岗位，最大限度地实现合理配置，人尽其才。

最后是年龄结构的优化。辅导员的年轻化和梯队式的年龄结构是由辅导员的职业性质所决定的。辅导员主要从事的是大学生思想政治教育和管理工作，需要投入大量的时间与大学生密切相处。因此，年龄较轻的应聘者在时间和精力上更具有优势。但是，不可忽视的是，年龄相对较大的成熟应聘者在工作经验、认真负责方面也具有他们的优势。因此，高校应重点考虑辅导员年龄结构的问题，形成一定的年龄梯队，充分发挥不同年龄段人员的优势，促进辅导员队伍长久、稳定的发展。本着这一原则，新进辅导员的年龄一般应控制在35岁以内。考虑到辅导员今后自我发展的空间，本科毕业生的应聘者年龄可在25周岁以下，硕士毕业生的年龄可在28周岁以下，博士毕业生的年龄在此基础上可适当放宽到35岁以内。

二、职业准入的程序

职业化的辅导员队伍建设首先要建立起规范的辅导员招聘程序和标准，严把辅导员入口关，制定科学的辅导员岗位职责，全面实施岗位聘任制，公开招聘，在学校党委的统一领导下，将辅导员招聘纳入正常的学校人事管理系统，坚持高标准、严要求，把政治素质强、理论修养好、纪律作风正、德才兼备、乐于奉献、热爱学生的人员选聘到辅导员队伍中来，实现辅导员队伍的职业化和专业化。

（一）面向社会公开招聘信息与岗位要求

公开是现代法治化管理的最重要特点，公开的程序更加具有公信力，能够得到应聘参与者的信任和遵守。辅导员招聘信息和岗位要求既是广大求职者进入辅导员队伍的约束，又是引导和鼓励他们进入辅导员行列确定性的表示。辅导员招聘信息和岗位要求可以通过网站和广告的形式向社会公开，宣布高校对辅导员岗位的要求，对辅导员准入资格的态度，这就明确了辅导员的基本资格、岗位要求及其人事制度，使得欲进入辅导员行列的人员能够对辅导员的工作性质和工作状况抱有一定的合理预期。相反，辅导员岗位的不稳定性和辅导员心理缺乏归属感，在很大程度上源于他们对辅导员工作的不可预期。可见，公开招聘信息与岗位要求，不仅仅是制度内容的公开，更是程序的公开，建立便于师生监督和组织监督的制度，能够让辅导员平等地通过此程序获得高校教师主体资格，在高校管理领域确立自己的形象和地位。

（二）成立工作小组，精心组织笔试与面试

成立辅导员招聘工作小组是各高校建立辅导员准入制度的组织保证。辅导员招聘工作小组一般由学校组织部、人事处、纪检委、学工部和团委等部门负责人和学生工作专家组成，负责指导院系开展辅导员招聘工作，同时负责对应聘者进行公开统一考核。

考核的程序一般分为职业资格审查、初试、笔试和面试。职业资格审查一般在二级院系进行，主要审查应聘者的职业资格，重点从素质与政治面貌、学历与学科背景、年龄与工作经历等诸方面考察应聘者是否具备从事辅导员工作的基本条件。无论是专职辅导员的应聘，还是兼职辅导员的应聘，都要经过职业资格审查，这是建立辅导员职业准入制度的第一步。时间一般应在每年的年底至次年年初。考察的手段一般采用调阅档案、走访毕业学校等方式。职业资格合格者可参加由院系组织的初试。初试优秀者，可参加由学校组织的笔试。

笔试通常采用闭卷形式，着重考核应聘者的专业基础知识、逻辑思维能力、语言组织能力、文字写作能力，以及分析问题、解决问题的实际工作能力。笔试的优胜者通常按照招聘人数的1∶2或1∶3上报学校招聘工作领导小组，通知参加面试。面试采用考核小组成员现场提问回答的形式，着重考察应聘者的语言表达能力，对现实问题的认识能力、判断能力和临场反应能力等辅导员必不可少的素质和能力，避免出现高分低能的现象。

在以上常规考核的基础上，有条件的学校还可以开展心理健康状况测试、职业素养测试，重点考察应聘者的综合素质。

三、职业准入的管理

高校辅导员的招聘工作目前仍主要由各高校自行组织进行，职业准入的统一性、规范化的程度还不高。在辅导员职业化发展进程中，一方面各高校要进一步规范辅导员的准入程序和招聘办法，另一方面各级教育主管部门和行业协会要尽可能快地建立起相对统一的行业标准和职业资格认证制度，这是保证辅导员队伍良性发展的当务之急。

（一）破除两种“模糊认识”

各高校在辅导员招聘过程中要破除两种模糊认识。

一是将选拔的高标准等同于高学历。辅导员选拔的高标准，体现在辅导员与所带学生的学科背景的较高契合度上，只有这样才能使辅导员在学生中较快建立工作威信，能够对学生的专业学习提供针对性强的辅导。从辅导员的个体角度来看，其职业发展是一个不断延续、不断深化的过程，它伴随着辅导员的整个职业生涯；从辅导员的职业角度来看，作为社会分工的组成部分的辅导员，其职业也是一个不断发展、不断完善的过程，也有一个不断提升的要求。维持辅导员职业发展固然有其外在的力量，如社会对辅导员要求的提高、知识更新速度的加快、利益的诱惑等，但外在力量的作用毕竟是有限的，最为有效的力量来自辅导员的内在需要，辅导员入职后根据社会的要求不断学习和提高，完善知识结构，提高理论水平，逐渐提高自己的职业水准，是一个十分合理的发展轨道，也符合辅导员职业化要求的发展模式。

但是，现在部分高校中存在着这样一种倾向，即将提高辅导员的选拔标准简单地视为提高辅导员入职的学历要求，不顾学校的办学层次和实际需要，盲目提高资格门槛，忽视了辅导员入职后的发展空间，规定唯有研究生及以上学历的人员才有资格参加评聘，将一批优秀的本科生拒之门外。这种看似严格的做法其实是将辅导员职业准入要求简单化，学历只能代表知识水平，不能说明更多的问题，研究生愿意加入辅导员行列固然是好事，但一定程度地吸纳本科生中素质高、能力强的学生党员丰富队伍的学历结构，对于保持队伍的长期稳定具有积极的意义。同时，按照职业化发展的要求，本科生辅导员在专业的进一步深造中尚有较大的发展空间，充分利用这一优势，创造条件鼓励他们在学生事务、思想政治教育等相关工作领域提高学历，将有效地保障辅导员队伍建设从职业化逐渐走向专业化、专家化。

二是以教师招聘程序代替辅导员招聘程序。目前，有少数高校尚未制定专门的辅导员招聘程序，而是简单地用教师招聘程序代替辅导员招聘程序，这样的做法来自对辅导员工作定位的模糊认识，必须杜绝。所有从事大学生思想政治教育的人员，都要坚持正确的政治方向，加强思想道德修养，增强社会责任感，成为大学生健康成长的指导者和引路人。这就要求辅导员应具备过硬的政治素质、良好的思想素质和道德素质以及指导能力。因此，以此为主要内容的综合素质考核是辅导员准入考核中必不可少的环节，这也是辅导员准入机制中区别于一般专业教师的内容之所在。

教师招聘程序是专门针对教师的工作性质和工作要求量身定做的，如果说教师招聘程序重点考察的是学术知识和水平，那么辅导员招聘程序则突出强调的是政治思想素质和职业工作能力。两者虽然同属高校教师序列，但存在着较大的不同之处，不能相互取代。如果以教师招聘程序代替辅导员招聘程序，那么就会出现学术水平高而职业素养低的现象，长此以往，辅导员队伍的整体工作能力和基本职业素养就难以得到保证，严重时将会影响辅导员专业化和职业化的进程。

（二）职业标准统一的动态管理

辅导员的准入要求和考核标准应该随着社会需求和高等教育水平的变化而变化。目前，从国外同类型人员的职业化发展经验来看，建立校外监督机制是保障辅导员职业化和专业化发展的有效手段。所谓校外监督机制，即职业标准和工作规范并非由各高校自行制定，而是由校外专业协会来制定和推行，校外专业协会不仅拥有对各高校辅导员工作的评估权，还负有监督高校辅导员的职业道德和职业水准的责任。研究表明，当前在我国建立校外监督机制尚不具备条件，但在高等教育领域内成立辅导员行业协会，建立统一的辅导员职业标准，条件成熟时再出台辅导员职业资格认证制度，应成为下一步工作的重点内容。

只有建立了高校系统内部的行业协会，动态地对各校辅导员的职业化程度进行统一评估，才能提高辅导员的职业水准，才能在高校系统中形成既相对规范统一，又能动态调节的准入机制。建立行业协会，并通过论坛、辅导员工作刊物等形式进行工作交流，是增强辅导员群体的职业归属感，提高辅导员工作规范化程度的重要举措，将有力地推进辅导员队伍的职业化建设。目前，很多高校成立了校级辅导员协会，收到了很好的效果。从长远发展看，还应设立大学之间的辅导员工作联合会，成立地方性乃至全国性的辅导员工作研究会，以便对辅导员的入职标准和招聘程序进行统一规范的研讨和科学的管理。

（三）多渠道选聘与规范化管理

多层面、多渠道选拔辅导员是充实辅导员队伍力量、丰富队伍结构的需要。在选聘辅导员的过程中，本校毕业生通常都是主要来源，能起到传承本校优良作风的作用；另外，从其他高校引进优秀毕业生，便于学术交流，同时管理经验也能得到交流；再者，可从学校年轻专业教师和党政管理干部中选拔一批思想觉悟高、热爱学生工作的教师担任兼职辅导员，形成以专职为主、兼职为辅的专兼职有机结合、优势互补的辅导员队伍。此外，学校还可以面向社会招聘一些政治思想觉悟高、富有工作经验、热爱学生事务管理工作的人员，利用他们丰富的社会经验，起到对学生的有效指导。总而言之，辅导员队伍的选聘应该立足整体考虑，统筹规划，兼顾年龄、性别、学历、知识、专业、个性、社会经验等各种类型人员的特点，多渠道选聘，合理配置人力资源，规范化地做好招聘工作。

第二节 高校辅导员的职业培训

一、职业培训的原则

高校辅导员队伍培训应遵循以下五个基本原则。

（一）激励性原则

培训是一种激励，而非“要我学”的被迫。有些人认为，只有出现问题了才需要培训，没有出现问题就不需要培训，这是不对的。加入一定组织的成员都有着自我价值所决定的个人目标，都希望通过组织的运行来实现这一目标。通过将培训与考核、奖惩、晋升等政策挂钩，培训可以成为很好的激励手段，如果辅导员通过培训求得了自身的发展，他们就会乐于参与并积极支持培训。同时，如果将培训按照年龄、工作时间、职务分组进行，对于提高辅导员的工作积极性，增强其荣誉感，提高工作效率有着十分重要的作用。

（二）差异性原则

辅导员因其自身的学历、年龄、工作经历、职务的差异，需要接受的培训和应达到的培训目标也各不相同。要承认辅导员个体之间的差异，根据各种层次辅导员的不同状况，选择不同的培训内容，采取不同的培训方式。在培训形式上既要坚持集体培训、重点培训和层次性，还要做好个别辅导、全员培训和平衡性；在培训内容上既要有辅导员基本工作技能和业务知识的培训，还要有辅导员个人心理健康培训、职业发展规划和设计等内容。辅导员培训不能一概而论，而应尽量考虑到他们各自的特点，因材施教，区别对待。

（三）系统性原则

在培训的总体安排上，要把培训的阶段性与整体性、系统性与层次性、短期培训与中长期培训等紧密结合起来，注意系统学习和分段、分层学习相结合，避免无计划地开展培训。在培训课程设置上要兼顾辅导员的职业知识、技能和态度培训，还要关注辅导员的职业生涯发展，增强辅导员可持续发展的素质与能力。在培训程序控制上，既要进行培训，还要进行培训评估；既要有布置，还要有切实落实；既要有制度安排，还要有监督管理。要实行系统管理，加强对培训过程各个环节的质量监控，切实保证培训质量。

（四）实践性原则

培训的最终目的是把辅导员工作做得更好，这就要求培训要根据国家要求和社会发展需求以及辅导员和大学生的特点来进行，既讲授一般原理和专业知识、技能，提高受训者的理论水平和认识能力，还要千方百计地创造实践机会，紧密联系新的形势和任务，联系辅导员的思想和工作实际，把学习理论同解决问题、总结经验、推进工作结合起来，学以致用。这样，才能使他们通过实践体会要领，真正掌握所学的内容，及时将培训与推动实际工作紧密结合起来，用先进的思想观念指导并推进实际工作。

（五）长期性原则

从我国高校辅导员培养和培训的历史经验来看，辅导员的培养不可能是一次性的高校教育所能完成的，需要在高校真实的工作实践环境中持续进行，是一个终身发展的过程。要用“以人为本”的管理理念来搞好辅导员培训，让每一个辅导员树立终身学习的理念；要以战略眼光去组织辅导员培训，正确认识智力投资和人才开发的长期性和持续性。这是对大学生人生教育和成才教育的内在要求和必然投资。这种投资是一项周期长、见效慢但却是关乎国家大计和民族未来的、极具牵动性的长远投资。

二、职业培训的类别和内容

随着我国改革开放的深入发展，形势在不断变化，大学生的思想随之不断变化，思想政治教育工作的内容和形式也随时随地地发生变化。因此，认真做好辅导员队伍的培养工作，积极有效地推进岗位培训力度，建设和不断完善与高校辅导员的岗前培训、在职培训与研修提高相适应的分层次、分类别、多形式、重实效的辅导员培训体系，是提高辅导员的思想政治素质、业务素质，造就一支政治强、业务精、纪律严、作风硬的辅导员队伍的必然要求。

（一）培训的类别

辅导员职业培训体系中应该包括以下五种培训类别：岗前培训，侧重完善辅导员“先培训，后上岗”的准入机制；日常培训，侧重建立辅导员不断提高理论和业务素质的日常培养机制；专题培训，侧重建立辅导员面对新形势、新情况推行工作的应变机制；学历培训，侧重建立高学历辅导员队伍的深造机制；骨干培训，侧重建立辅导员队伍“金字塔型”结构中的塔尖专家培育机制。

1. 岗前培训

辅导员是对学生进行思想政治教育和管理的重要力量，他们的素质如何，直接关系到做好学生思想政治教育和管理工作的质量，而新进人员刚到学生思想政治教育工作的岗位上，不熟悉学生思想政治教育和管理工作的规律，应对他们进行岗前培训，让他们尽快熟悉学生思想政治教育和管理工作，从而为做好这项工作打好基础。教育部《关于加强高等学校辅导员班主任队伍建设的意见》和《普通高等学校辅导员队伍建设规定》中都指出，要加强辅导员的培养工作，做到先培训后上岗。岗前培训应主要侧重对辅导员必需的基本业务知识、技能和基本理论素质的培训。针对辅导员工作职责，要注重教育、培养他们不断坚定对马列主义、毛泽东思想，中国特色社会主义理论，特别是习近平新时代中国特色社会主义思想的信仰，具有一定的马克思主义理论基础和政策水平，有较强的政治辨别力；热爱学生，热爱学生思想政治教育工作，具有高度的责任感和奉献精神；初步学习领会以身作则、正面教育为主的原则，和风细雨、耐心感化的疏导方式，注重调查研究、因人施教、个别指导和加强学生班级建设和管理的方法；有意识地提高心理咨询、就业指导、资助经济困难学生和参与处理有关突发事件，维护好校园安全和稳定的能力以及了解时事政策和学校概况等。岗前培训一般利用上岗前的暑假集中进行，可以由省、自治区、直辖市教育行政部门建立辅导员培训和研修基地承担，也可以由各高校自行负责。培训方式一般有讲座、观摩、实践、交流、自学等。

2. 日常培训

日常培训的目标应该是促进辅导员不断强化应该具备的政治、道德、文化、心理等基本素质，强化应该具备的终身学习的能力、口头及书面表达能力、信息处理能力、科学研究的基本能力，强化应该具备的指导校园文化活动和社会实践，指导毕业生就业，教育、管理和服务学生，为大学生办实事、做好事、解难事，为大学生提供心理健康咨询和服务，确保学校稳定和应对突发事件等工作能力。高校应根据具体情况，在本地区或本校创建各类辅导员培训基地、辅导员协会、辅导员沙龙、辅导员论坛，集培训、交流和学习功能为一体，形成辅导员长效培训机制。培训内容根据辅导员的不同职业岗位而各有侧重，从而有重点、有针对性地提高不同职业岗位辅导员的整体素质。总之，学生工作的全面开展需要有较高素质的辅导员的倾心投入，而辅导员要不断学习、不断提升自我，因而培训就应该贯穿于辅导员工作的全过程当中。

3. 专题培训

专题培训主要是指在岗过程中，针对辅导员的工作对象、工作重心和工作水平的不同，以专题形式对辅导员进行新观念、新知识和新技能的培训，促进辅导员队伍的专业化和职业化建设。这就要求辅导员必须面对新形势、新情况，不断提高自己的思想素质和理论水平，去做好学生的思想政治教育工作。为了做好这个工作，必须对他们进行专题培训。专题培训除了适用于建立辅导员面对新形势、新情况推行工作的应变机制外，在“心理咨询与辅导教师”“职业咨询师”等职业能力资格认定等相关方面具有优势。专题培训还特别适合针对辅导员队伍中的不同专业背景和其他层次差异来开展。根据学校实际情况，可以设置相关学生工作专题，由参加培训的辅导员根据自己的实际情况及兴趣爱好，选择与自己工作相关的专题进行培训。培训教学可采取学分制，分为必修专题、选修专题。在完成必修专题的基础上，辅导员可根据自身的实际情况选学选修专题。

4. 学历培训

教育部《关于加强高等学校辅导员班主任队伍建设的意见》中指出，为了培养辅导员队伍，必须对他们进行学历规划，积极鼓励并有计划地选送他们攻读硕士、博士学位，为他们的成长成才创造条件。学历培训一般脱产进行，这种调整提高的机会对于一名辅导员来说是难能可贵的，也是非常必要的。因为辅导员平时的工作任务繁杂，不像专业课教师除了上课的时间外都可以自由支配，用来备课、进修、搞科研等，他们需要深入学生，了解学生的思想、学习、生活等情况，所以平时较少有时间来搞科研、进修。脱产参加学历培训，可以使辅导员从事务性的工作中完全解脱出来，静下心来学习理论，有利于对工作经验和工作规律进行反思、总结和升华，必将有力地促进以后的工作。有条件的高校可以根据工作要求，在本校推荐辅导员免试在职攻读硕士、博士研究生或单独组考招收他们在职攻读研究生学位。其他不具备条件的高校应积极创造条件和机会，推荐或保送优秀辅导员攻读相关专业研究生学位，学成以后回校专职从事大学生思想政治教育工作。

5. 骨干培训

辅导员队伍结构可以看作是“金字塔”型，位于塔尖的应该是队伍的骨干和优秀代表。辅导员队伍的专家化，实际上就是这些骨干成为大学生思想政治教育专家的过程，汇多“专”于一体，集多“家”于一身。骨干培训就是站在辅导员职业发展和队伍建设的高度，针对这些处于塔尖的优秀辅导员代表开展的专家化培训，把他们培养成思想政治教育专家、教育管理专家、心理咨询专家和就业指导专家等专家型高校辅导员。思想政治教育是一门专业，有它自己的理论知识和科学体系，是需要专职人员来学习、研究的。这就决定了辅导员的工作性质，它要求辅导员队伍必须具有一定的稳定性。如果一个优秀辅导员工作几年以后转行，虽然已经积累了一定的理论知识和工作能力，但在逐渐成为骨干的时候却离开了这支队伍，重新补充新人，使得这支队伍明显出现断层，队伍的总体素质将显著下降，不利于队伍建设，不利于做好学生的思想政治教育工作。新人在辅导员岗位上不熟悉学生思想政治教育工作规律，缺乏足够的理论和经验，不容易做好学生的思想政治教育工作。所以，要选拔推荐一批从事思想政治教育的骨干不断深造，通过社会实践、挂职锻炼以及国内国际交流考察等多种形式，不断提高他们的工作能力和水平，逐步向专家化迈进，通过多种激励措施鼓励他们长期从事此项工作这对于整个队伍的建设和稳定是不可或缺的。

（二）培训的内容

员工培训包括改变员工的技能、知识、态度以及行为。辅导员培训也应包括工作技能、相关专业知识及工作态度等主要内容。结合各学校实际情况，从提高辅导员职业能力的角度出发，不同种类的辅导员培训应施以不同的培训内容，或某些培训内容在不同类别的培训中必须有所侧重。总结各类培训的内容设置，以下六大类的培训内容基本是共通的：思想政治教育、心理健康教育、职业发展教育、学生事务管理、管理方法优化、实践与考察，在不同种类的实际培训中，根据需要可选择几个或全部六大类的内容，每个大类还可下设若干具体培训内容。在实际培训中，与辅导员工作密切相关的前四种培训内容往往是必不可少的，也是主干核心课程，而后两种作为能力提升训练，除了在专题培训中或有单列，通常是糅合在前四种培训中一起实施的。另外，新任辅导员岗前培训还可增加对学校学生工作的相关规定、学团工作的基本概况、学校辅导员队伍建设政策的介绍等外围内容。

1. 思想政治教育培训

首先，加强理论教育，提高辅导员的政治理论素质。一要认真学习、理解和掌握马列主义、毛泽东思想、邓小平理论的精髓，深刻理解“三个代表”重要思想的精神实质，学会用科学发展观理论和习近平新时代中国特色社会主义思想指导自己的工作实践。二要加强党在新时期的路线、方针、政策的教育，特别是要加强党的教育方针的教育，充分认识加强思想政治工作和德育工作对坚持社会主义办学方向的重要性，增强工作的责任感和使命感。三要加强职业道德教育，要求辅导员必须爱岗敬业，责任心强，作风严谨，乐于奉献，努力树立全心全意为人民服务的世界观、人生观、价值观。

其次，开展业务培训，提高辅导员的工作水平。一是学习思想政治教育的基本理论，明确思想政治教育的目的意义以及思想政治工作的基本原则和要求。二是学习组织实施学生思想政治教育的学科知识、工作方法、途径和技巧，熟悉学生思想政治教育工作的基本特点，懂得如何指导学生搞好自我教育、自我管理等。三是开展思想政治教育理论研究，不断总结思想政治教育工作的新经验，探索加强思想政治教育工作的新方法，促进理论与实际的有机结合，在创新中推动工作，逐步朝学科化、学术化、专家化的方向发展。

2. 心理健康教育培训

心理健康教育培训可分为两个阶段：第一阶段是对辅导员进行心理健康教育，使其具备良好的心理素质，掌握进行自我心理调适的方法，从而更好地开展教育工作。第二阶段是对辅导员进行相关心理健康教育工作方法的培训。在日常生活中，许多大学生遇到困惑都习惯找辅导员寻求帮助，因而高校可以多组织辅导员参加相关的心理教育及咨询技能的讲座，使其获取相关的专业知识和技能，能够及时处理相关的心理危机事件，提高学校整体的心理健康教育工作水平。培训可以采取“案例研讨法”或“角色扮演法”等。辅导员扮演心理咨询师的角色并进入角色情境中去处理各种问题和矛盾，同时培训师在旁边加以指导与点评，帮助其改进工作方法，使他们真正体验到所扮演角色的感受与行为。此外，还可以组织辅导员去参加社会机构组织的心理咨询师培训，考取国家“心理咨询师”职业资格，成为学生心理咨询方面的专家。

3. 职业发展教育培训

职业指导实际上是对学生进行职业观教育、职业选择分析、职业心理分析、职业生涯设计的过程，也是提供职业信息和进行职业素质培训的过程。辅导员要对学生进行职业指导，首先应该具备进行自我职业生涯规划的能力。鉴于辅导员这一职业尚处于职业化、专业化发展的起步阶段，有必要对辅导员进行职业发展规划方面的培训。要通过相关的教育培训，让辅导员看清自己的工作角色，看清自己要努力的方向，坚持队伍的专业化培养和职业化发展，提升辅导员的职业认同感。可以组织专业教师对辅导员进行职业教育培训，因为辅导员对学生所读的专业以及专业的行业背景、现状和前景有了相关的认识之后才能跟学生进行良好的沟通，进而取得职业指导的效果。为了更好地做好学生职业生涯规划指导工作，可以对辅导员进行素质测评软件使用的培训；可以在学生进行职业实践的时候，安排辅导员参与其中，加深辅导员对职业环境的了解，也加深师生之间的了解。同时，还可以鼓励辅导员开设“职业指导课程”，鼓励他们获取“职业指导师”资格，成为学生职业指导方面的专家。

4. 学生事务管理培训

学生事务管理涉及很多方面的内容，其中包括班级及党团组织管理、学生日常生活的管理、社会实践的组织管理、贫困学生资助与勤工俭学、学生网络行为的规范与引导、校园突发事件的应对等。一是要围绕学生日常事务管理的关键环节开展培训，如学籍管理、奖惩管理、宿舍管理和社团管理等，举办专题讲座，帮助辅导员掌握各项工作原则，加深辅导员对工作的认识。二是要着重管理方法、技巧的培训，可以通过“讲授法”“讨论法”“案例研讨法”等方式进行。通过举办辅导员论坛、开展小组讨论等多种形式，发挥新老辅导员之间的“传帮带”作用，提高辅导员处理日常事务的能力，减少工作摸索时间，提高整体工作效率。特别要注意结合网站等学生管理工作的新途径增加培训内容。辅导员应学习掌握网络知识，融入学生的网络环境中，从而赢得网络思想政治教育的主动权。

三、职业培训的管理

按照人力资源管理理论，培训是改进员工的工作胜任能力和单位绩效的过程。各地教育部门和高等学校要结合各自实际建立辅导员培养机制，以不断提高辅导员的政治与业务素质，努力加快辅导员职业化、专家化进程，为辅导员队伍健康成长提供条件，促进大学生思想政治教育工作队伍的可持续发展。根据对高校辅导员职业培训工作现状的调查分析，按照中央和教育部相关要求，在优化和创新辅导员职业培训管理方面，需要做好以下几方面的工作。

（一）优化政策环境

在优化与创新高校辅导员职业培训管理方面，首要的是创造良好的政策环境，并把政策与具体措施配套起来，真正落实政策实施中所需要的人力、物力、财力等的投入。在高校辅导员的培训与研修过程中，要逐步做到三个方面的确保：一是确保科研有舞台。建立大学生发展研究中心，让辅导员逐步朝着教师队伍建设的方向靠近。设立心理健康、就业指导与职业发展等教研室，辅导员进入相应的教研室，与不同专业的教师一样，根据各自的学科背景、兴趣和特长，选择不同的研究方向。教研室的辅导员根据各自研究的就业、社交、政策形势和心理健康等不同领域，给学生开设专门的课程。二是确保职称有通道。开辟职称评定绿色通道，从制度上确保辅导员队伍的稳定性。参照教师职称系列，制定《思想政治教育系列教师职称评定细则》，为从事学生思想政治教育工作的辅导员设立初级、中级、副高和正高级职称，并将辅导员职称评定工作单列。三是确保培训有经费。设立专项培训经费，提高辅导员的管理水平和学术水平。分期分批选派优秀辅导员赴发达国家进行学生事务培训和国内著名高校挂职学习或工作。为了优化辅导员的知识结构，提升其学术研究能力，应以学历教育的形式，鼓励优秀辅导员攻读思想政治教育专业的硕士、博士学位。以研究专题的形式，鼓励辅导员申报研究课题。

（二）创新培训理念

培训体制创新，首先要做到培训理念创新，这是培训工作创新的先导和核心。要逐步确立“多种方式并举、多种方法并用、知识能力并重、德才学识艺全面协调发展”的培训理念。具体地说，在辅导员培训工作中，一是要树立“人才资源是第一资源”的观念。人的素质是事业成功的决定因素。培训是开发人才资源，提升人的能力的基本途径。各教育部门和高校应坚定不移地贯彻把德育放在首位的方针，从战略高度充分认识加强学生思想政治工作的重要性和必要性，努力培养一批既懂现代教育理念又通管理科学的专业化、职业化高校学生管理干部。二是要树立终身教育观念。人不论处于哪个年龄段，都应继续参加教育与学习，且不拘于传统的学习与教育形式。高校辅导员作为一种职业，其自身的发展是职前与职后综合培养的结果。作为职业化的高校学生德育工作者，应把辅导员工作作为个人事业发展与学校宏观发展的有机结合体，而不应该将从事学生工作视为跳板或者是一个临时岗位。三是要树立团队学习观念。学习不仅包括个体学习，还应包括组织的团队学习。团队学习能力的提高与个体学习能力的提高同样重要，要把整个高校思想政治教育队伍特别是辅导员队伍建设成学习型的团队，促进辅导员队伍综合素质和能力的整体提高。四是要树立学习也是工作业绩的观念。学习好是个人与组织工作出实绩的重要手段，也是工作业绩的一个表现方面。要把培训学习情况纳入辅导员的考核体系，并和奖惩福利以及职业发展挂钩。

（三）激活运行机制

激活培训运行机制就在于通过科学的管理，尽可能地减少培训过程中不必要的环节，提高每个环节的工作效率，保证培训的效果和质量。在辅导员培训过程中激活培训运行机制，一是要实现按需培训人本化。这里的“按需培训”的“需”包含辅导员的自我需求和辅导员岗位需求两个方面。要掌握辅导员培训的需求信息，以培训需求为导向，增强培训的针对性和实效性。要做到针对辅导员的需要进行培训，而不是只推出一大堆的课程。二是要实现培训内容科学化。通过需求分析，结合辅导员的自我需求和辅导员岗位需求，确定明确有效的培训目标，并以此制订培训内容和方法，选择培训导师；可以把培训课程划分为必修、选修两大部分，按照“缺什么补什么”的原则安排培训课程；注重理论知识与业务能力的有机结合，从粗放型培训向精细型培训转变。三是要实现培训方式的多样化。可结合培训内容，选择灵活多样的培训方式。要从偏重课堂理论培训向课堂培训与实践锻炼相结合转变，除了运用专家授课、分组讨论等行之有效的传统方式外，还可以更多地采取观看录像、案例分析、角色扮演、对策研究、团队训练、模拟实习等方式，提高课堂教学的吸引力。四是要实现培训渠道多元化。要挖掘教育培训资源，推进辅导员培训资源的重组，在高校自主培训之外，充分发挥教育主管部门以及行业协会的力量，同时大力拓展社会化培训的渠道，形成布局合理、分工明确、优势互补的辅导员培训网络体系，建立“国家—片区—省—学校”四级分层递进的辅导员培训和研修基地。

（四）完善培训评估

对培训进行评估，既是对培训本身进行的考察，也是对个体能力潜质的再认识。评估结果也是奖励、晋升、综合考核的可靠依据。针对目前辅导员培训中存在“走过场”的现象，应根据培训的不同形式制定科学的考核评估制度。在培训课程及效果评估模式中最常用也比较令人满意的是威斯康星大学柯克帕特里克开发的一个多重标准的评估模型。按此模型，可以从以下几个层面进行分析。

1. 参加者的反应层面

参加者的反应层面评估考察主体是否喜欢这个计划，显示了其对计划的满意与否及程度。在辅导员培训结束后，要设计问卷，对辅导员的培训感受、满意度等进行调查，以掌握辅导员对培训工作的真切体会，以便改进培训工作。

2. 学习层面

学习层面评估考察是指对于培训计划中提供的知识和联系的技能，主体吸收的程度。比较参加者培训前后测试的分数，看参加者参加培训后测试分数是否有所提高。所以，对于辅导员培训内容进行测试，既是培训本身的内在需要，也是对辅导员及培训者的一种外在促动。

3. 行为层面

这是工作行为中转变或没有转变的外部测量，参加者在绩效评估中获得的评级。经过系统培训的辅导员在年度或学期考核中，不满意的工作行为是否有了改变，工作方式、工作效率等是否有了提高，综合考核等级有没有改善等，都可以通过上级、同事、学生等相关人员的访谈评估来测定，也可以通过量化考核来评价。

4. 结果层面

结果层面评估考察培训计划对组织中一些维度的效果的改善情况。辅导员个体所负责年级或班级学生考试作弊人数和不及格率、缺课率、学困生转化人数、学生日常违纪数量等，都可以作为衡量的指标。而对于学校整体上的促进效果评估则需要一个比较长的时间，要以长远的眼光去衡量辅导员培训给学校带来的效益，如思想政治教育水平的提高、校园文化的活跃、学生突发事件的减少等。

5. 基地建设层面

国家相关政策提出，要建立“国家—片区—省—学校”四级分层递进的辅导员培训和研修基地，要整合现有的辅导员培训资源，加强辅导员培训基地建设。全国高校辅导员培训和研修基地的任务有两个：一是要承担教育部下达的面向全国高校辅导员的培训任务。二是要承担辅导员在职攻读硕士、博士学位的高级研修任务。

按照教育部相关文件精神要求，各辅导员培训和研修基地应当做到：第一，坚持专业化和职业化的培训目标。建设辅导员培训和研修基地的目的，不是简单地对辅导员进行一些相关理论和方法的培训，也不是单纯地提高辅导员队伍的学历结构，而是要构建起符合高校辅导员工作的专业特色和职业要求的培训体系，以全面提高辅导员的专业素养，推动辅导员队伍的专业化和职业化，从而使加强辅导员队伍的建设真正落到实处。第二，制订科学的培训计划。全面考察，进行人员培训需求分析，明确谁需要接受培训，需要接受什么培训，视总体需求情况制订相应的培训计划。要将辅导员岗前培训与在岗培训、日常培训与骨干培训、一般培训与专题培训、脱产培训与业务培训、学历培训与非学历培训等结合起来。第三，合理设置培训内容。针对不同时期的培训对象制订科学合理的培训方案和课程体系。必须坚持理论联系实际的原则，做到按需办班、学以致用、注重实效。能够做到理论学习与实际工作相结合、政策传达与技能培训相结合，除了对辅导员进行思想政治、角色、业务培训外，还要进行网络知识、管理学、心理学等方面的培训，要注重开展案例教育。第四，加强交流，资源共享。基地要充分发挥省级教育主管部门的协调作用，集中省内外的优势师资力量，实现资源的有效整合和共享。要加强辅导员校内、校与校之间、省与省之间以及国际的交流，举办辅导员工作交流会、研讨会、工作论坛和学习考察等活动，使辅导员开阔眼界，启发思维，拓展思路，取长补短，促进工作。第五，严格管理与温馨服务并重。充分体现辅导员的工作特点，一方面利用现有条件，周密安排，注重细节，为每一位参加培训的学员提供周到细致的服务；另一方面选拔辅导员骨干担任培训班的班主任，严格培训纪律，加强对学员培训期间的作风要求。

第三节　高校辅导员的职业考评

职业考评是指考核主体对照工作目标或工作标准，采用科学的考核方法，评定工作任务完成情况、工作职责的履行程度和发展情况，并且将评定结果反馈给员工，以促进组织和员工更好地发展的过程。高校辅导员的职业考评则是对辅导员在一定时期内的学生教育和管理工作作出评价的过程，是对辅导员在工作中的成绩和不足进行系统的描述，涉及观察、判断、反馈、度量、组织介入以及人们的情感因素等，是一个多方位、多层次、多角度的系统工程。

一、职业考评的原则

对辅导员进行职业考评，一方面是对辅导员前一阶段工作进行的检验，另一方面是对辅导员队伍本身进行考察。考评既是对辅导员工作的极大促进，更是对辅导员队伍建设的提高。在具体考评过程中，一定要本着“有利于工作进展、有利于队伍建设”的根本原则，全面、客观、一致、及时地进行辅导员的职业考评工作。

（一）导向性原则

考核不是目的，仅是一种手段。它的根本目的是通过评估促进辅导员各项工作的完成，提高工作质量和效率，激励辅导员朝着正确的方向发展，促进辅导员队伍建设，以评促建，以评促改，评建结合，重在建设。

（二）全面性原则

考核的指标体系要对辅导员在高校的地位和作用尽可能全面准确地把握，尽量全面涵盖辅导员的各项工作，以达到指标体系之间的平衡，最后进行全面分析，尽可能做到质与量的结合、点与面的结合、常规与创新的结合、过程与结果的结合。在具体工作中，就是要保证细化的考核项目能涵盖德、能、勤、绩的各个方面，不仅要考察其思想政治素质、职业道德、组织纪律、协作精神、工作能力，还要考察其工作实绩。只有这样，才能全面反映辅导员的实际表现，促使辅导员不断自我完善。

（三）客观性原则

考核应当依照明确的考核指标体系，针对客观的考核资料进行考核，尽量避免掺入感情色彩。一定要实事求是，以辅导员德、能、勤、绩的实际表现为考核的依据，而不能凭主观印象下结论。各项考核要用事实说话，切忌主观臆断，应客观、公正、合理、实事求是地反映辅导员的各项工作，使被考核对象心悦诚服。

（四）一致性原则

必须对所有的被考核对象采用一致的考核标准，考核基础数据、考核标准和考核方法要前后一致。这样才能减少评估时的“弹性”，强化考核指标的“刚性”，区分被考核对象的工作差异。

（五）及时性原则

考核与评估的结果要及时反馈给辅导员，这样才能有效地发挥激励效应。辅导员要及时了解自己的优势和劣势，明确自己的位置和应采取的对策，激励其互相学习、互相竞争。高校辅导员工作的考核与激励不但能对辅导员的工作进行全面的检阅，发现辅导员工作中存在的问题与不足，加强辅导员队伍建设，进一步提高辅导员的职业化、专业化水平，更为重要的是，它能够鼓励辅导员以更饱满的工作热情投入大学生思想政治教育工作中去。

二、职业考评的程序

目前辅导员的职业考评工作仍主要由各高校自行完成，在考评程序上各高校的做法也大同小异，通常是每两年进行一次校级层面的全面考评，评出优秀辅导员；日常工作考评则由各二级院系结合每年年终考评进行。

（一）前期准备与组织发动

前期需要建立评估领导小组，可以由分管学生工作的校党委副书记担任辅导员工作评估领导小组组长，学工部（处）会同各二级学院、团委、宣传部、保卫处等有关部门组成评估检查组，并要做好组织发动工作，让辅导员认识到职业考评的目的和导向是更加有效地激发工作的积极性，提高效率，解决辅导员的思想认识问题，使他们自觉主动参与到考评工作中去，消除被考核者的疑虑和心理上对考核、考核机构、考核者的敌对性。

（二）集中述职与下点检查

辅导员评估分为两大部分，一是集中述职，二是下点检查（下各二级学院检查）。集中述职的内容含事先确定的考核指标体系，一般包括：①汇报自己一年来突出的工作和特色；②汇报学生工作的思路、手段、方法；③汇报自己的纠偏措施和成效；④汇报工作心得体会及科研成果等。下点检查，即到各二级学院检查，主要内容有：辅导员对特殊学生档案的建立，对照了解述职内容，了解学生对辅导员的反映，二级学院领导对辅导员的反映，部分教师对辅导员的反映等。

（三）综合考评与结果公示

辅导员考核采取综合考评的方式，包括辅导员个人总结、学生评议、院系评议、组织评议相结合的方法，并进行量化评分，最后将四方面结果按一定的比例汇总出总分。辅导员本人对照工作职责，总结一年的工作及其成效，并通过一定的形式在一定的范围内进行个人总结；学生评议由各院系党委（总支）组织进行，在辅导员所带年级或班级随机组织部分学生，就辅导员工作进行评议；院系评议是指各院系党委（总支）根据辅导员的实际表现和工作效果，结合辅导员个人自评和学生评议情况对照考核指标体系进行考核；组织考核由学工处组织进行，组织有关部门（组织部、团委、学工处、宣传部、保卫处、后勤处等）对全校辅导员进行评议。学生处汇总全校辅导员的考评情况，根据学生评分、自我评分、院系评分和组织评分的一定比例计算出总分进行排名，本着主要考虑得分高低又适当兼顾院系平衡的原则，确定每位辅导员的考评等级。学工处要及时将考评结果公示，做好总结与表彰工作，评出“优秀辅导员”，并给予表彰。对表现较差的辅导员进行批评与教育，对考核不称职的取消辅导员资格，交由学校人事部门处理。

三、职业考评的管理

由于对辅导员职业考评仍由各高校自行组织，其管理也只能由高校自行操作，这在体制上存在着一定的不合理性。随着辅导员制度的不断完善，如何将辅导员的选用、培养、考评、发展按照一定的职业规则要求相对独立开展，成为下阶段必须研究和解决的问题。在现行管理体制下，辅导员的职业考评应注意以下几方面问题。

（一）考评内容的界定

我国的高校学生辅导员队伍在过去并没有出现很细的分类，只是统称为“思想政治辅导员”，一般情况下接受学校党委学生工作部和院系的双重领导，辅导员的工作相应地包括两块主要内容：一是接受党委学工处的领导，对学生进行思想政治教育、管理和服务。思想政治教育方面主要是对学生进行理想信念教育，进行党和国家时事政策教育等；管理方面包括稳定工作、奖学金工作、学生干部队伍建设、日常班级事务等；服务方面则包括助学金服务、学生贷款、心理和职业方面的辅导等。另一块则是接受院系的领导，协助做好教学方面的服务工作。而在社会问题复杂、学生心理问题突出、职业发展成为高校热点问题的背景下，对高校学生辅导员的工作职能提出了更高的要求。目前，我国许多高校的党委学生工作部基本已经在生活辅导、心理问题研究和职业发展教育这三个方面单独列出了办事机构，专门处理全校性的相关工作。但在院系层面，由于人事编制等条件限制，一般专职从事辅导员工作的人员普遍不足，同时，繁重的事务性工作占用了辅导员的大量时间，许多面向学生开展的教务、后勤等工作的一部分就直接或间接地落在了辅导员身上。在这种人员配备不足和工作量相对较大的情况下，院系往往会根据自身的人员状况对辅导员进行工作的分工，辅导员们会根据自身的特点选择重点工作来负责。在高校学生工作内容丰富化以及辅导员职业化和专业化的要求下，针对辅导员工作的专项考核必然也将提上日程。

目前，辅导员的岗位职责主要分为四个方面：加强和改进大学生思想政治教育是辅导员工作职责的首要任务；加强学生骨干队伍、思想政治教育载体建设是辅导员工作职责的坚实基础；加强大学生心理健康教育和职业发展教育，做好大学生资助工作是新形势下辅导员工作职责的重要内容；加强辅导员参与处理涉及大学生的突发事件，维护校园和社会稳定的工作是辅导员工作职责的关键。

一个良好的辅导员考核系统，可以支撑辅导员工作队伍持久的战斗力，而一个优秀的辅导员，总是希望其努力及努力的成果能够得到领导或者同事的赏识与承认。对辅导员的考核，主要是从德、能、勤、绩四个方面进行。在实际考核工作中，必须将这几个方面细化为具有操作性、可测性的具体项目。

对辅导员的“德”，可从政治思想素质、品德修养、工作作风、理论政策水平等项目方面加以考察。辅导员的“能”，主要考察辅导员工作所需要的业务素质、个人素质和心理素质，即是否具有胜任本职工作的能力。辅导员的“勤”，主要考察辅导员是否能坚守岗位，认真履行辅导员职责，参加院系组织的各项活动，定期深入学生宿舍、教室，能经常到学生中去，及时了解和掌握学生的思想动态，关心学生的学习、生活、工作，解决学生的问题和困难。可以据此制定相应的子项目，如每月深入班级或学生公寓的次数、每月听课次数等。辅导员的“绩”，可从学生信息反馈、对学生日常思想教育、行为管理、班风建设、学风建设、学生党建、就业教育与指导、帮困助学、工作研讨成果等分项目加以考察。这一部分的考核是最重要的内容，既包括了辅导员的基础性工作成果如思想教育、行为管理、班风学风建设成果等，也包括了学生党建、帮困助学等专项工作成果，在辅导员考核中应占最大权重。

确定科学合理的职业考评体系对于考评工作而言至关重要，应建立符合大学生思想政治教育特点要求和人才培养目标相一致的工作考核体系，健全和完善辅导员的科学管理考核制度，加强日常管理。考评体系基本覆盖辅导员工作的全部内涵，考评体系应提前下发。它不仅是考评的依据，更是辅导员日常工作的指挥棒。辅导员在平时的工作中，要对照考评体系，巩固优势，发挥长处，弥补不足，边工作边建设，以逐渐达到考评体系中的指标要求。

（二）考评方法的选择

辅导员工作考评的实施方法是体现考评原则的载体，直接影响考评目标能否实现及考评工作的效果。考核评价常用的有以下几种方法，以及这几种方法的交叉运用。

1. 以评促建、评建结合的方法

这种方法较好地体现了考核评价的原则和目的：以评促建、以评促改、评建结合、重在建设。这种方法实施的前提是，必须有一个科学而严密的考评体系。这种考核需要加强平时的工作指导和检查，避免出现考评前突击应付指标体系的做法。

2. 自我评价和组织评价相结合的方法

这种方法有利于调动辅导员与组织双方的积极性，通过辅导员的自身总结，明确自己的成绩与不足，明确下一步的工作方向。然而，自我评价必须与组织评价结合进行。只有结合，自我评价才能更认真、更严肃、更有效果。组织评价主要通过考评组听取自我总结、召开相关学生座谈会或进行学生问卷测评、同事之间互评和主管领导定性与定量评价等过程进行。

3. 平时考核和集中评价相结合的方法

这种方法将结果考评与过程考评相结合，能在一定程度上纠正非线性因素造成的结果与过程的偏差。平时考核主要考核阶段性工作、重点工作、临时性工作及基础性工作。平时考核也要定期与不定期结合进行。集中评价主要是在学期末、年末，通过对照考评体系进行系统性的综合评价。最后，将集中评价结果与平时考核的记录按一定的权重折合，形成最终考评结论。

4. 数量分析的方法

辅导员考评仅有定性考评是不够的，还必须与定量考评结合。定量

考评主要使用数量分析的方法。在实际考评过程中，应尽量采用定量考评，因为只有定量，才能客观地进行比较。同时，在进行定量分析时，要充分考虑各种必然和偶然的影响因素，要将定量与定性考评的结果有机结合。采取数量分析的方法，必须加强平时数字的记录，加强数字的积累，注意数字的客观性和横向、纵向的可比性。

目前，在国内许多高校对辅导员工作的评价中，采用比较多的是全方位评价法，形式上包括了自评、领导评价、同事评价、学生评价等，内容上包括了辅导员工作所涉及的各个方面。这种考核方式兼顾了辅导员自身、职能部门、学院领导、学生等各方面人员对辅导员工作业绩的评价，有利于辅导员及时发现工作上的疏忽，对于出现的问题能及时纠正，对于做得不到位的地方予以改进，同时可以促进辅导员与学校各层领导的交流与沟通。

（三）考评结果的应用

1. 考评结果反馈

考核的目的是对辅导员的工作进行客观公正的评估，从而激励辅导员更好地改进工作。如果考核结果不能及时反馈，那么，考核就失去了真正的意义。因此，要重视考核结果的及时反馈，使考核结果真正发挥作用。在反馈考核结果时，要注意以下几个方面：一是不仅要反馈考核的最终结果，而且要反馈在考核中反映出来的辅导员的优点与不足。对优点要发扬光大，对缺点要指出并帮助辅导员及时改进，使结果反馈与教育帮助结合起来，促使辅导员不断进步。二是考核结果的反馈要及时。行为主义心理学认为，及时提供行为结果的反馈有利于人们及时调整行为方向，有助于激发人们进一步行为的动机。向辅导员及时反馈考核结果，有利于辅导员及早根据考核情况制订改进方案，不断完善自我。

2. 考评结果申诉

受理考核申诉，是考核程序中的一个重要补救措施和环节。在考核过程中，考核主体总是要受它的主客观条件的影响和制约，考核的偏差确实难以避免。一旦发生偏差，或被考核对象不认同考核结论，可以根据有关程序向考核主体的上级机关提出考核申诉。有关单位和部门应及时受理申诉，复核考核结果。

3. 考评结果应用

结果的运用既是考核的延续，又是考核的目的，在于根据考核结果，寻差距，找经验，促进工作。考核的结论通常应告知被考核辅导员，使其了解考核主体对自己工作的看法与评价，从而发扬优点，克服缺点。管理部门和被考核辅导员还应针对考核中发现的问题，采取纠正措施。

考核结果要与评先评优结合，甚至与辅导员个人发展相关，如绩效改进、薪酬奖金分配、外派培训、职务调整等。对优秀者要给予奖励，对不称职者要给予惩罚。一般来说，对优秀者各高校均有可行的奖励措施，但对不称职人员则较少有切实有效的惩罚。因此，要制定切实可行的惩罚措施，而且要严格执行，这样才能真正做到奖勤罚懒，使考核结果更好地发挥激励作用。

辅导员考核工作是一项较为复杂的工作，要完全做到客观、准确是很难的，每一种考核方案都有其利弊所在，需要坚持不懈地改进完善。同时，由于校情不同，各高校对辅导员考核工作要在符合政策规定的前提下，因时、因地制宜，根据各自辅导员队伍的不同情况具体组织实施，以切实做好辅导员职业考评工作。

第五章　高校辅导员职业能力培养

第一节　职业能力培养的专业化、职业化导向

导向即引导的方向，它能引领事物向着某个方向或某个方面发展。加强高校辅导员职业能力培养，首先要明确导向，知道何去何从。从培养高素质专业化创新型教师的战略高度来看，专业化、职业化是高校辅导员职业能力培养的导向，也是其走上内涵式发展的必由之路。

一、坚持培养的专业化导向

专业化是高校辅导员职业能力培养的导向。没有专业化培养做基础，高校辅导员职业能力培养将长期处于低水平重复状态。

（一）加强高校辅导员职业能力培养的学科建设

把高校辅导员职业能力培养纳入学科建设领域，是培养专业化发展的必由之路。加强高校辅导员职业能力培养的学科建设，首先要明确学科定位，避免出现学科定位偏移、边界模糊等问题。高校辅导员职业能力培养的学科定位取决于高校辅导员的职业定位。高校辅导员是大学生日常思想政治教育和管理工作的组织者、实施者、指导者，其常规工作包括思想理论教育和价值引领、日常事务管理、发展指导，工作职责是做好日常思想政治教育工作、服务育人工作、人文关怀和心理疏导工作。角色定位、工作定位和工作职责决定了思想政治教育是高校辅导员的核心职能，也决定了高校辅导员职业能力培养的学科定位应为马克思主义理论一级学科下的二级学科——思想政治教育。该学科定位只能加强，不能削弱。思想政治教育学科逐渐建立起本科、硕士到博士的人才

培养体系，展现了强劲的发展态势，为高校辅导员职业能力培养提供了坚强的学科支撑。未来，高校辅导员职业能力培养应在思想政治教育学科领域内，加强包括基础理论和应用理论在内的学科理论体系建设，加强包括大学生思想政治教育、大学生发展指导、大学生事务管理等专业研究方向在内的学科专业体系建设，在融合学科理论体系建设和学科专业体系建设的基础之上，切实推进高校辅导员职业能力培养的专业化发展。

加强高校辅导员职业能力培养的学科建设不仅要明确学科定位，还应具备跨学科视野，博采众长。应在坚持思想政治教育学科定位的基础之上，挖掘并整合相关学科资源，在吸收、消化、融合的基础之上形成完整的、开放的学科体系；培养既具备大学生思想政治教育基本理论与方法，又能有效地开展思想理论教育和价值引领、党团和班级建设、学风建设、日常事务管理、心理健康教育与咨询、网络思想政治教育、职业规划与就业创业指导等的复合型人才。采用跨学科视野加强高校辅导员职业能力培养的学科建设，重在借鉴多学科的理论与方法，提炼特点、揭示规律、精选内容、改进方法、拓展途径、完善机制、优化环境等。当然，采用跨学科视野加强高校辅导员职业能力培养的学科建设，并不是说要把自己变成大杂烩、大拼盘，而是要把握好跨学科的“度”。

（二）建立高校辅导员职业能力培养的专业组织

建立高校辅导员职业能力培养的专业组织有利于营造浓厚的专业氛围。随着高校辅导员队伍的壮大和高校辅导员职业能力培养专业化要求的提高，建立专业组织已然成为加强高校辅导员职业能力培养的重要举措。目前，我国虽建立了一些专业协会，但这些专业协会在高校辅导员职业能力培养中发挥的作用还不够充分。针对当前专业组织建设存在的问题和未来工作的需要，应分层次、多类型地建立一批独立性强、覆盖面广、影响力大的专业组织。第一，建立多层次的专业组织。既要建立全国性的专业组织，也要建立地方专业组织和高校内的专业组织。全国性的专业组织可在全国范围内开展示范培训、职业能力资格认证等。地方教育主管部门建立的专业组织既可承担本地区高校辅导员的岗前培训、日常培训和骨干培训，也可组织优秀辅导员进行学习交流、研修深造、挂职锻炼、科学研究。高校内部的专业组织可为本校辅导员提供互通信息、交流经验的平台。第二，创立多种类型的专业组织。按性质划分，既有由高校辅导员根据自己的兴趣、爱好、特长建立的非正式专业组织，又有由地方教育主管部门、高校基于辅导员的工作职责、工作实务建立的正式专业组织；按工作内容划分，既有为高校辅导员职业能力培养提供系统服务的专业组织，又有针对具体培养内容的专业组织，如以学生学习与发展指导为主要研究内容的专业组织、以学生党团和班级建设为主要研究内容的专业组织、以学生心理健康教育与咨询为主要研究内容的专业组织、以学生职业规划与就业创业指导为主要研究内容的专业组织等；从工作方式来说，既可组建科研团队，提升高校辅导员队伍的科研能力，也可举办学术会议、出版专业刊物，促进高校辅导员之间的学术交流。一言以蔽之，建立多层次、多类型的专业组织，形成一个专业组织网络体系，将有利于高校辅导员职业能力培养的专业化发展。

（三）完善高校辅导员职业能力培养的课程体系

完善课程体系是促进高校辅导员职业能力培养专业化发展的基础环节。目前，高校辅导员职业能力培养还没有建立起系统、规范的课程体系。要加强理论探究和实践探索，逐步建立起层次分明、结构合理、功能互补的高校辅导员职业能力培养课程体系。完善高校辅导员职业能力培养课程体系应把握好以下原则：第一，适时性原则，即课程设置要适应时代需要，不仅及时解答高校辅导员职业能力培养中的重大理论命题和现实课题，还能前瞻性展望前沿问题；第二，兼容并包原则，即课程设置要吸收借鉴国内高校辅导员职业能力培养和国外高校学生事务管理者职业能力培养的优秀成果，具备历史视野和国际视野；第三，针对性原则，即课程设置要立足高校辅导员职业能力现状，满足高校辅导员职业能力发展期待；第四，实用性原则，即课程设置要能培养大学生思想政治工作急需和高校辅导员紧缺的职业能力；第五，系统性原则，即课程设置要以技能训练为重点，科学合理、整体协调、层次分明。高校辅导员职业能力培养的课程体系可设置为：以哲学、政治学、伦理学、教育学、心理学、社会学、管理学、法学为基础课程，以思想政治教育学原理、思想政治教育史、思想政治教育方法论、思想政治教育心理学、比较思想政治教育等思想政治教育基本理论与方法为专业基础课程，以党团和班级建设、学风建设、日常事务管理、心理健康教育与咨询、校园危机事件应对、职业规划与就业创业指导等大学生思想政治工作实务研究为主干课程。

（四）完善高校辅导员职业能力培养的教材体系

完善教材体系是促进高校辅导员职业能力培养专业化发展的重要前提。要有计划、有组织地编写一批基础课程教材和主干课程教材，形成以重点教材为核心，辅助教材为支撑，门类齐全、形式多样、各具特色的高校辅导员职业能力培养教材体系。具体做法为：①组建教材编写队伍。要组建一支由学术带头人、理论研究者和实践工作者组成的教材编写队伍，承担高校辅导员职业能力培养的教材编写工作；②立足现实。高校辅导员职业能力培养教材的编写要立足大学生思想政治教育实践和高校辅导员职业能力实际；③以学科建设为依托。编写高校辅导员职业能力培养教材要以大学生思想政治教育学科建设为依托，充分展示学科建设的最新理论成果；④研制和开发多媒体教材。要充分利用现代信息技术，研制和开发多媒体教材，以此增强高校辅导员职业能力培养的生动性和趣味性；⑤完善领导和管理机制。高校辅导员职业能力培养教材编写是一项政治性很强的工作，需加强领导和管理。应成立教材编审委员会，严格教材审批制度，防止教材编写中出现“多、滥、质量不高”等问题。高校辅导员职业能力培养教材的编写应实行国家和地方两级管理。国家有关部门统筹规划、统一管理全国教材的编写工作，负责编写教学大纲、教学要求和全国通用教材；地方教育主管部门可按照国家统一颁布的教学大纲和教学要求，编写适应本地区实际的地方教材。高校可根据本校实际编写供本校使用的校本教材，但要报当地教育主管部门批准，并在批准范围内使用。此外，有关部门还要为高校辅导员职业能力培养教材的编写提供保障，在政策、资金、人员等方面提供便利。

（五）组建高校辅导员职业能力培养的专业师资队伍

组建一支坚持党的领导，具备马克思主义理论修养、扎实的思想政治教育及相关学科理论功底、丰富培养经验的师资队伍，不仅能为高校辅导员职业能力培养提供保障，还能为后续发展提供有力的人才支撑。当前，高校辅导员职业能力培养在师资队伍上存在数量不足、水平不高、年龄老化的问题。针对当前存在的问题和未来工作的需要，可从以下几方面着手：第一，优选师资队伍。培训辅导员的教师必须具备较高的学术水平、理论修养和丰富的实践经验。根据这一规定，高校辅导员职业能力培养师资队伍的选拔要坚持“择优”原则，既将政治立场坚定、勇于开拓创新，具有丰富大学生思想政治教育理论知识和相关学科知识的专家、学者吸收进来，又从学校党政领导、相关职能部门负责老师、离退休教授中选拔具有丰富大学生思想政治教育实践经验的人加入，还要选拔工作在大学生思想政治教育第一线的优秀辅导员加入。同时，还要实现不同省市、高校培养师资的资源共享，促进优秀师资的跨省、校际流动，努力打造一个立体、全方位、开放的师资培养库。第二，精育师资队伍。要高度重视师资队伍的培育，在政策上给予优先保证，在经费上给予大力支持，着力打造一批理论功底扎实、实践经验丰富的理论大家、学术带头人、教学名师和后备人才。

（六）组织高校辅导员参加专业实践

专业实践是提升高校辅导员职业能力、提升专业化水平的重要途径。组织高校辅导员参加专业实践可从以下两方面入手：第一，在专业教学中设置实践环节。高校辅导员要提升职业能力，首先需要丰富知识储备，完善知识结构。专业教学是提升高校辅导员职业能力的重要途径，但专业教学不是单纯的理论灌输，而是将理论与实践相结合，学以致用、学而能用的过程。要想充分发挥专业教学在高校辅导员职业能力培养中的作用，需要在专业教学中设置实践环节，鼓励和组织高校辅导员积极参加专业实践，在专业实践中提升职业能力。具体应做好以下工作：明确目标、合理规定课时、丰富内容、拓展途径、完善考评机制。第二，组织专业特色鲜明的社会实践。专业特色鲜明的社会实践有利于高校辅导员开阔视野、拓展思维，提升解决实际问题的能力。应积极组织高校辅导员参加专业特色鲜明的社会实践，如组织社会调查，提升高校辅导员解决社会现实问题的能力；组织参观访问，引导高校辅导员学习典型的成功经验；组织挂职锻炼，提升高校辅导员的基层服务意识和能力。

二、坚持培养的职业化导向

职业化是高校辅导员职业能力培养的导向。没有职业化培养作保障，高校辅导员职业能力培养难以可持续发展。

（一）依据高校辅导员的职业定位开展职业能力培养

辅导员作为高校教书育人的重要力量，有明确的职业定位。

1. 依据角色定位开展职业能力培养

依据高校辅导员的角色定位开展职业能力培养，不仅能增强高校辅导员的自我角色认同，自觉地将高校辅导员职业当作一生的事业来追求，还能改变外界对高校辅导员的错误认知，提升高校辅导员的社会地位和学术地位。高校辅导员是大学生日常思想政治教育和管理工作的组织者、实施者、指导者，大学生成长成才的人生导师和健康生活的知心朋友。高校辅导员职业能力培养要依据高校辅导员的角色定位来进行，使其既能有效地组织各种教育力量、教育资源开展大学生日常思想政治教育和管理工作，又能具体实施大学生日常思想政治教育和管理工作，还能正确指导大学生党团和班级建设、学风建设、心理健康教育与咨询、职业规划与就业创业、校园文化建设；既能扮演好“学问之师”的角色，还能担负起“品行之师”的职责，引导大学生在“为学”的同时更好地“为人”“为事”；既能与大学生倾心相交，共同分享成功与喜悦，又能与大学生并肩作战，共同面对困难与挫折。

2. 依据工作定位开展职业能力培养

依据高校辅导员的工作定位开展职业能力培养，能针对性地提升高校辅导员的职业能力。高校辅导员的工作定位是：按照学校党委的部署开展大学生思想政治教育活动，重点对学生开展思想政治教育、日常事务管理和服务工作；在大学生思想政治教育活动中既要协调与其他教育者的关系，形成教育合力，又要发挥大学生在思想政治教育中的主导作用。高校辅导员职业能力培养要依据高校辅导员的工作定位，提升高校辅导员的思想政治教育能力、日常事务管理能力和服务育人能力，充分发挥其在大学生思想政治教育中的基层骨干作用；提升高校辅导员的协调能力，使其能全面协调与其他教育主体的关系；提升高校辅导员的组织能力，充分发挥大学生在学校教育和自我教育中的主体性地位。

3. 依据工作职责开展职业能力培养

依据高校辅导员的工作职责开展职业能力培养，有利于明晰培养内容，克服主观随意性。高校辅导员的主要工作职责为：思想理论教育和价值引领、党团和班级建设、学风建设、学生日常事务管理、心理健康教育与咨询、网络思想政治教育、校园危机事件应对、职业规划与就业创业指导、理论和实践研究。依据工作职责，高校辅导员职业能力培养的内容主要包括：第一，思想理论教育与价值引领能力。思想理论教育与价值引领是高校辅导员众多工作职责中的“主业”，这也决定了思想理论教育与价值引领能力是高校辅导员的核心能力。培养内容应以思想理论教育与价值引领能力为核心，将高校辅导员培养成能帮助大学生牢固树立正确世界观、人生观和价值观，有针对性地解决大学生思想认识、价值取向、学习生活和择业交友等问题的专业人才。第二，事务管理能力。日常事务管理是高校辅导员的工作职责之一。高校辅导员只有做好了这项基础工作，大学生才会愿意接受、乐于接受其教育引导和发展指导。这就决定了事务管理能力是高校辅导员的基础能力。培养内容应以事务管理能力为基础，将高校辅导员培养成能有效地开展新生入学教育、学生军训、贫困生资助、评奖评优、宿舍文化建设、违法违纪行为处理、毕业生文明离校教育及管理和服务等活动的专业人才。第三，发展指导能力。高校辅导员是大学生的引路人和指导者。这就决定了发展指导能力是高校辅导员的重要能力。培养内容应以发展指导能力为重点，将高校辅导员培养成能做好党团和班级建设、学风建设、心理健康教育与咨询、职业规划与就业创业指导、校园文化建设、社会实践指导等工作的专业人才。

（二）建立高校辅导员职业能力准入制度

建立高校辅导员职业能力准入制度，能将业务能力强的高校辅导员选入大学生思想政治教育队伍，从源头上保证高校辅导员的质量。

1. 贯彻落实职业能力标准

高校辅导员职业能力标准是国家对合格辅导员职业能力的基本要求，是推动高校辅导员专业化、职业化发展的基本准则，也是培养高校辅导员职业能力的政策依据。

2. 建立职业能力资格认证制度

建立职业能力资格认证制度，不仅有助于将职业能力过硬的优秀人才选入辅导员队伍，也有助于提升高校辅导员职业能力培养的社会认可度。随着高校辅导员队伍的专业化、职业化发展，高校辅导员职业能力资格认证制度将逐步完善。建立高校辅导员职业能力资格认证制度可从以下四方面入手：第一，明确认证主体。高校辅导员职业能力资格认证可由教育部主管部门统一领导、统筹规划，负责政策制定、宏观指导和检查监督。行业协会认证是国际上通行的第三方认证的做法，可由全国高校辅导员协会牵头执行，具体负责高校辅导员职业能力资格认证工作。第二，分类建立认证制度。根据高校辅导员工作内容的具体构成，可分类建立高校辅导员职业能力资格认证制度，明确不同类别高校辅导员的职业能力要求、职业能力资格认证标准和等级。第三，划分资格认证等级。可以将高校辅导员分为初级、中级和高级等三个职业等级。第四，组织资格考试。高校辅导员职业能力资格考试可由全国高校辅导员协会牵头，具体负责组织工作。考试内容应包括与大学生思想政治教育工作相关的知识、技能，考试方式包括笔试和面试。笔试主要考察应聘者是否具备从事大学生思想政治工作的专业知识和职业能力，面试主要考察应聘者解决大学生思想政治教育实际问题的能力。

（三）加强高校辅导员职业能力规划

职业能力规划有助于高校辅导员职业能力的可持续发展。辅导员专业化成长不仅是辅导员自身发展的问题，亦是组织可持续发展的问题。因此，加强高校辅导员职业能力规划包括组织和个人两个层面。

1. 高校应加强对辅导员职业能力规划的指导

高校应着眼于辅导员职业能力的可持续发展，加强对辅导员职业能力规划的宏观指导。第一，宣传引导。高校要大力宣传学校发展目标、发展任务和人才培养计划，引导辅导员从宏观角度认识自身工作的意义和价值，将自我发展目标与学校发展目标相整合，制订既能促进学校整体发展，又能实现自我全面发展的职业能力目标。第二，分类指导。处于不同职业发展阶段的高校辅导员，他们的职业能力发展目标是不同的，高校给予他们的职业能力规划指导也不尽相同。对于初级辅导员，高校应指导他们制订能尽快适应大学生思想政治工作的规划。对于中级辅导员，高校应指导他们制订能提升职业能力水平、完善职业能力结构的规划。对于高级辅导员，高校应指导他们制订能探究大学生思想政治教育规律，创造性开展大学生思想政治工作的规划。第三，创造条件。高校辅导员职业能力规划的实现需要一定条件。高校应在政策、资金、技术、时间等方面创造有利条件，帮助辅导员实现职业能力规划。第四，与时俱进。高校要善于根据形势发展和环境变化，指导辅导员与时俱进地调整职业能力规划，循序渐进地实现职业能力目标。

2. 高校辅导员应积极开展职业能力规划

从根本上讲，职业化发展是高校辅导员内在发展需求的外显。高校辅导员作为自身职业能力规划的主体，需具备自觉意识，能根据自身职业能力现状和外部环境，结合大学生思想政治教育要求和个人发展需求，积极开展职业能力规划。第一，自我分析。自我分析是高校辅导员开展职业能力规划的前提和依据。高校辅导员要对自己的爱好特长、性格特征、专业背景、工作意愿、职业能力现状等进行全面客观的分析，准确定位职业能力发展目标。第二，衡量匹配程度。高校辅导员要将自身职业能力与岗位要求进行对比，衡量二者的匹配程度，了解自身职业能力发展的优势和劣势。第三，了解职业环境。职业环境是职业活动的外部影响因素之一。高校辅导员只有明晰职业环境，才能扬长避短、趋利避害，有针对性地开展职业能力规划。第四，系统规划。系统规划有利于增强实效性。高校辅导员要根据学校发展目标、自身职业能力现状及发展需求、职业环境等，明确职业能力发展目标、制订职业能力提升计划及策略等。第五，践行职业能力目标。职业能力发展目标确定后，高校辅导员应努力通过实践将目标变为现实。

第二节　职业能力培养的内容与途径

一、增强职业能力培养内容的针对性

培养内容是培养目的和任务的具体化。全面把握培养内容，并根据不同培养对象的实际情况加以灵活运用，有利于增强培养的实效性。基于高校辅导员职业能力培养内容针对性不强的问题，可从以下几个方面着手。

（一）彰显时代特征

当今时代的特征可概括为：经济全球化、政治多极化、文化多元化和社会信息化。高校辅导员职业能力培养内容要充分彰显这些时代特征。

1. 观照经济全球化

经济全球化是一把“双刃剑”，既为我国经济社会发展带来了机遇，也对我国的经济、政治、文化提出了挑战。身处经济全球化时代的大学

生思想活跃、视野开阔，但由于社会阅历的欠缺、知识水平的限制，他们对经济全球化缺乏全面客观的认知和了解，部分大学生以经济、科技作为价值判断的唯一标准，因此，引导大学生正确认识和积极参与经济全球化是高校辅导员的工作职责。高校辅导员职业能力培养要结合经济全球化提升高校辅导员的职业能力，使其既能引导大学生适应经济全球化发展趋势，以宽广的视野看待经济全球化，以积极的态度参与经济全球化；又能教育大学生理性认识经济全球化，学会在经济全球化中维护国家主权和民族尊严。

2. 回应文化多元化

文化多元化时代，不同国家和民族间的文化交流交融，促进了人类文化的繁荣与发展，但多元文化在交流交融的过程中也带来了民族文化与异质文化的交锋。引导大学生正确认识和积极应对文化多元化是高校辅导员的工作职责。高校辅导员职业能力培养要结合文化多元化提升高校辅导员的文化建设能力和文化育人能力，使其能继承和发扬中华优秀传统文化，促进社会主义先进文化建设；能推动中国特色社会主义文化融入人类文化发展长河，在与不同文化交流交融交锋的过程中，彰显中国特色社会主义文化的先进性，增强中国特色社会主义文化的感召力；能繁荣具有中国特色、体现时代要求的校园文化，培育滋养心灵、涵育品行、引领风尚的大学精神，把大学建设成为精神文明建设示范区和辐射源。

3. 应对社会信息化

社会信息化时代，各种信息资源能最大限度地得到开发和利用。信息化对大学生的影响最为广泛、深刻。它不仅给大学生的学习、工作和生活带来了便利，也对大学生的素质和能力提出了新的更高的要求。引导大学生应对社会信息化是高校辅导员的工作职责。高校辅导员职业能力培养要结合社会信息化，培养高校辅导员的信息意识和信息处理能力，使其能通过社会调查、观察体验、思想预测等方法获取大学生思想政治教育信息，能通过矛盾分析、系统分析、因果分析、比较分析、定性定量分析等方法分析大学生思想政治教育信息，能运用去粗取精、去伪存真、由此及彼、由表及里等方法处理大学生思想政治教育信息。

（二）观照思想政治教育对象

大学生的思想现状和发展期待是高校辅导员职业能力培养的现实基点。加强高校辅导员职业能力培养要立足于大学生思想现状、着眼于大学生的发展期待。

1. 立足于大学生的思想现状

大学生思想现状是加强高校辅导员职业能力培养的现实依据。可以说，当代大学生思想政治道德素质的主流是好的，但仍有部分大学生在理想信念、价值取向、诚信意识、心理素质等方面存在不同程度的问题，迫切需要高校辅导员给予教育引导。高校辅导员职业能力培养要立足大学生思想行为特点及思想政治状况，有针对性地帮助大学生处理好思想认识、价值取向、学习生活、择业交友等方面的具体问题。

2. 着眼于大学生的发展期待

高等教育从精英教育迈向大众教育后，学业竞争和就业竞争日益加剧，大学生在学习、生活、发展等方面的期待发生了新变化。这不仅要求高校辅导员的工作职能要随之拓展，也要求其职业能力要随之提升。例如，随着大学生学业压力的增加，高校辅导员要能培养学生学习的兴趣，指导学生养成良好的学习习惯，规范学生的学习行为。在就业压力面前，高校辅导员要能为大学生提供高效优质的就业指导和信息服务。又如，大学生群体心理问题日益凸显，这就要求高校辅导员要能对其开展心理健康教育与咨询。再如学分制的实行、后勤服务社会化使得原有的学生管理模式难以满足学生个性化的发展期待，这就要求高校辅导员能打破传统的教育管理模式，探究新的教育管理模式。高校辅导员职业能力培养要着眼于大学生的发展期待，着力培养高校辅导员的学业指导能力、职业规划与就业创业指导能力、心理健康教育与咨询能力、学生事务管理能力和服务育人能力等。

(三) 关注高校辅导员职业能力现状

职业能力现状是高校辅导员职业能力培养的立足点。加强高校辅导员职业能力培养要关注高校辅导员职业能力现状。

1. 重点培养高校辅导员的核心能力

思想政治教育能力是高校辅导员的核心能力。高校辅导员职业能力培养的内容非常丰富，但诸多内容的地位和作用不是平行的。职业定位决定了思想政治教育能力是高校辅导员职业能力培养的核心内容，决定着内容体系的性质和方向。然而，在现实生活中，高校辅导员的工作负荷较大，面对数百名大学生，整日忙于琐碎性事务，无心无力开展深入细致的思想理论教育和价值引导，思想政治教育能力较为薄弱。因此，要重点培养高校辅导员的思想政治教育能力，使高校辅导员能够教育大学生形成正确的思想观念、思想路线、思维方式和思想作风，能够教育大学生确立马克思主义科学信仰、中国特色社会主义共同理想，能够教育大学生内化道德规范、形成道德观念、发展道德判断、践行道德要求、养成道德习惯。

2. 丰富高校辅导员职业能力培养内容

职业能力欠缺是当前高校辅导员存在的一大突出问题。加强高校辅导员职业能力培养，不仅要突出核心内容，而且要随时代发展和社会进步丰富培养内容，形成诸多培养内容有机联系、相互协调的合理结构。做好日常思想政治教育工作、服务育人工作、人文关怀和心理疏导工作，是高校辅导员的工作职责。基于高校辅导员的工作职责，丰富高校辅导员职业能力培养内容应从教育引导、事务管理和发展指导等方面入手。

3. 更新高校辅导员职业能力培养内容

无法适应新形势、胜任新任务、解决新问题是当前高校辅导员存在的又一突出问题。这就要求高校和培养机构等不断更新高校辅导员职业能力培养内容，实现职业能力的要素更新和结构升级。教育引导能力方面，要加强新时代中国特色社会主义思想教育能力、中国梦宣传教育能力、社会主义核心价值观教育能力等的培养；事务管理能力方面，要加强新生入学教育能力、毕业生教育及管理服务能力、新生军事训练组织能力、奖励评估能力、宿舍文化建设能力、校园危机事件应对能力等的培养；发展指导能力方面，要加强学风建设能力、心理健康教育与咨询能力、网络思想政治教育能力、职业规划与就业创业指导能力等的培养。

二、充分发挥高校辅导员职业能力培养途径的作用

培养途径是培养的实现路径，对于达成培养目的、完成培养任务具有重要意义。加强高校辅导员职业能力培养，要充分发挥社会培养途径和自我培养途径的作用。

（一）充分发挥社会培养途径的作用

高校辅导员职业能力的社会培养，是指国家或社会组织对高校辅导员职业能力的培养。社会培养的优点是规模大、覆盖面广、门类齐全。

1. 充分发挥学位进修的应有作用

学位进修是系统提升高校辅导员职业能力的重要途径。思想政治教育专业设立的多年里，部分高校辅导员以国家政策为依托在职攻读思想政治教育专业相关学位，学成后，职业能力显著提升，成为大学生思想政治教育的主力军。新时期，要继续鼓励和支持高校辅导员在做好大学生思想政治工作的同时攻读相关学位。第一，要高度重视。领导重视程度不够是学位进修的作用发挥不充分的重要原因。高校应鼓励和支持辅导员攻读学位，促使他们在学位进修中全面提升职业能力，努力成为大学生思想政治工作的专家、学者。高校在鼓励和支持辅导员攻读学位时，首先要积极推荐符合条件的辅导员在职攻读学位。攻读学位期间，领导要关心他们的学习、生活。对于获得学位重返工作岗位的辅导员，学校要合理安排使用，切实做到人尽其才。第二，要整体推进教学改革。学位进修教学过程中存在的问题制约着其应有作用的发挥。为此，要整体推进教学改革，不断提高教学质量，建立健全适应大学生思想政

治教育实践和高校辅导员职业能力现状的教学体系。第三，要加强师资队伍建设。师资队伍不足、后继乏人是妨碍学位进修顺利进行的重要因素。充分发挥学位进修在高校辅导员职业能力培养中的作用，需要打造一支政治素质过硬、业务能力强、育人水平高超的师资队伍。为此，要积极采取措施，在政策和资金上给予优先保证，以培养学术带头人和中青年骨干教师为重点，着力打造一支理论功底扎实、实践经验丰富的师资队伍。

2. 充分发挥在职培训的主导作用

在职培训是提升高校辅导员职业能力的主要途径，在高校辅导员职业能力培养中发挥着主导作用。高校辅导员在职业发展的不同阶段面临着不同的任务，这就需要我们建立分层培训体系。第一，建立分层培训模式。分层培训模式有助于高校辅导员职业能力培养的高效完成。当前，各地各高校应以促使高校辅导员专业化、职业化发展为导向，以全国高校辅导员示范培训为龙头，以教育部、省（区、市）高校辅导员培训和研修基地为重点，以高校岗前培训、日常培训和骨干培训为基础，建立分层培训模式。建立分层培训模式，要注意不同层次之间的衔接和补充，既体现阶段性又体现整体性。第二，分层设置培训内容。高校辅导员职业能力培训要根据不同培训对象分层设置培训内容。高校辅导员职业能力培训的内容可分层设置为：①基础能力培训。这主要是针对初级辅导员，通过对他们开展入职培训、岗位适应培训、业务知识培训、职业技能培训，帮助他们掌握主题班会、党团活动、社会实践、个别谈心等基本工作方法，提升基础工作能力；②关键能力培训。这主要是针对中级辅导员，通过对他们开展职业培训，帮助他们具备较强的教育引导能力、事务管理能力和发展指导能力；③创新能力培训。这主要是针对高级辅导员，通过对他们开展科研能力和创新能力培训，帮助他们掌握规律性、前沿性知识，创造性开展大学生思想政治教育。第三，利用多样化培训机构。开展高校辅导员职业能力培训的机构较多，要充分发挥高校、党校、行政学院、社会培训机构等的作用。随着改革开放的不断推进，国外培训机构在高校辅导员职业能力培训中的作用日益凸显。要积极选送优秀辅导员走出国门，充分利用国外培训机构在培训法规、课程设置、培训手段、师资队伍等方面的优势。第四，采用多样化的培训方式。高校辅导员职业能力培训的方式较多，既包括传统培训方式，也包括现代培训方式。一方面，我们要充分采用传统培训方式，赋予传统培训方式新的时代内涵，如课堂教学、理论学习等传统培训方式的当代诠释就在于紧密结合大学生思想政治教育的新变化和高校辅导员职业能力培养的新要求。另一方面，我们要根据时代发展和社会进步，不断创新培训方式，如专题讲座、社会实践、实地考察、活动观摩、情景模拟、拓展训练、答辩演讲、案例分析、课题研究、学术交流等方式，有利于充分调动高校辅导员参加职业能力培养的积极性、主动性和创造性。第五，采用多样化培训手段。高校辅导员职业能力培训可采用的手段较多，我们要用现代信息技术改造传统单一的培训手段，实现传统培训手段和现代培训手段的整合。

3. 充分发挥社会实践的关键作用

"耳闻之不如目见之，目见之不如足践之。"社会实践是高校辅导员职业能力发展的土壤、职业能力展现的舞台，是提升高校辅导员职业能力的关键。高校辅导员职业能力培养要坚持理论教育与实践养成相统一的原则，促使高校辅导员在实践中增长才干。为此，各地各高校要制订计划，分期、分批组织高校辅导员参加社会实践，鼓励和引导他们在社会实践中锤炼作风、砥砺品质、增长才干。要充分发挥社会实践在高校辅导员职业能力培养中的关键作用，应做好以下几点：第一，各地各高校应结合工作需要和现有条件，鼓励和引导辅导员参加社会实践，竭力为辅导员参加社会实践提供机会、搭建平台。第二，要结合高校辅导员肩负的时代重任和特有的职业身份合理安排社会实践岗位，引导高校辅导员在社会实践中培育"想干事"的意识和"能干事"的本领。第三，要健全保障机制，在制定倾斜政策的同时保证经费投入；要健全监督机制，开展全面考核和客观评价；要健全激励机制，利用报刊、广播、电视、网络等传媒手段宣传高校辅导员参加社会实践的典型经验和先进事迹，辐射带动更多的高校辅导员积极投身社会实践。

4．充分发挥出国研修的辅助作用

出国研修是高校辅导员职业能力培养途径的拓展。选送优秀辅导员出国研修，有利于他们开阔视野、增长见识，提升应对国际挑战、解决实际问题的能力。地方和高校应分期、分批选送优秀辅导员到国外大学和研究机构进行研修，帮助他们获取前沿知识，掌握先进工作方法，提升学生事务管理能力。要充分发挥出国研修在高校辅导员职业能力培养中的作用可从以下几方面入手：第一，充分利用各种出国研修项目。高校辅导员可参加的出国研修项目有：国家留学基金委员会资助的国家公派项目、地方政府部门资助的单位公派项目、国外大学或科研机构资助的项目、学校公派项目、企业或基金会资助的项目等；第二，丰富出国研修方式。高校辅导员参加出国研修的方式有：攻读学位、博士后研究、课题研究、短期访问、课程学习等；第三，统筹规划出国研修。将高校辅导员出国研修纳入师资队伍建设的整体规划，学校统筹安排，人事处组织落实，国际交流与合作处派出，院系配合。

（二）充分发挥自我培养途径的作用

高校辅导员职业能力的自我培养，是指高校辅导员主动提升职业能力。要促使高校辅导员职业能力培养从外生型向内生型转变，高校辅导员自身需树立自觉成长意识，紧随时代步伐，立足现实需要，主动提升职业能力。

1．充分发挥理论学习的基础性作用

充分发挥理论学习在高校辅导员职业能力培养中的基础性作用，首先需要丰富理论学习的内容。其中，高校辅导员理论学习的内容包括：马克思主义理论、哲学、政治学、伦理学、教育学、心理学、社会学、管理学等学科的基本原理和基础知识；思想政治教育学原理、思想政治教育史、思想政治教育方法论、思想政治教育心理学、比较思想政治教育等思想政治教育专业基本理论、知识和方法；学业指导、党团建设、

贫困生资助、学生奖惩评估、心理健康教育与咨询、职业规划与就业指导、社会实践、校园文化建设、网络思想政治教育、危机事件处理等大学生思想政治教育工作实务相关知识。此外，高校辅导员还要学习现代科学技术知识和相关法律法规。高校辅导员强化理论学习，应树立终身学习理念，具备终身求知的意识、能力和习惯；改革学习方式，组建学习型团队；拓展学习途径，向书本学、向实践学、向大学生学。

2. 充分发挥信息交流的合力作用

信息时代，高校辅导员要卓有成效地开展大学生思想政治教育，需要具备信息意识，善于进行信息交流。要充分发挥信息交流在高校辅导员职业能力培养中的合力作用可从以下几方面入手：第一，加强与大学生之间的信息交流。大学生思想政治教育是教学相长的过程。高校辅导员的施教建立在对大学生全面、客观地了解之上。高校辅导员应加强与大学生的信息交流，准确掌握他们的思想动态及发展期待。在与大学生交流信息的过程中，高校辅导员还可以从大学生那里获取有益信息，促进自身的发展进步。第二，加强高校辅导员之间的信息交流。大学生思想政治教育是一项系统工程，要形成教育的协同效应，需要所有高校辅导员同向同行，通力合作。高校辅导员要加强彼此之间的信息交流，在交流学习心得、工作经验中提升职业能力。高校辅导员可通过高校辅导员工作研究会、高校辅导员职业技能大赛、高校辅导员工作沙龙、高校辅导员工作论坛等加强相互之间的信息交流，不断提升队伍的整体工作水平。第三，及时关注社会动态，掌握最新社会信息。在信息时代，高校辅导员工作要取得实效，需要了解影响大学生思想政治教育的外部环境因素。为此，高校辅导员应及时关注社会动态，掌握最新的信息，通过各种渠道了解影响大学生思想政治教育的外部环境因素。

3. 充分发挥科学研究的支撑作用

开展科学研究有利于把握事物发展的客观规律。高校辅导员要积极开展科学研究，为职业能力的提升提供学理支撑。要充分发挥科学研究在高校辅导员职业能力培养中的支撑作用可从以下几个方面入手：第一，丰富研究内容。高校辅导员研究的内容包括基础理论研究和应用理论研究两个部分。就基础理论研究而言，高校辅导员既要从总体上加强对大学生思想政治教育学科理论体系和学科专业体系的研究，还要加强对大学生思想政治教育主干学科和分支学科的研究。此外，高校辅导员还要适应大学生思想政治教育的新变化，对大学生思想政治教育实践迅速发展而基础理论研究滞后的问题开展研究。第二，拓展研究途径。高校辅导员可从以下几个方面拓展研究途径：开展专项调查、撰写调查报告、研究工作案例、申请科研课题、组建学术团队、交流协同创新等。第三，争取有关部门的支持。充分发挥科学研究在高校辅导员职业能力培养中的作用还需得到有关部门的大力支持，如教育部要继续在人文社会科学研究专项任务中设立辅导员专项，逐步加大项目经费支持力度；地方教育主管部门应在高校人文社科研究项目申报中设立辅导员专项，在政策、资金等方面适当倾斜；高校应拨出专项经费设立专项课题，鼓励和支持辅导员结合工作实践开展科学研究。

参考文献

[1]李顺年.高校辅导员核心素养提升策略研究[M].长春:吉林文史出版社,2022.

[2]李海波.高校辅导员职业发展的动力机制研究[M].哈尔滨:哈尔滨出版社,2022.

[3]张伟.高校思想政治教育建设与辅导员工作研究[M].延吉:延边大学出版社,2022.

[4]王建兴,高萌,侯娟.高校学生危机事件有效应对策略[M].北京:中国商业出版社,2022.

[5]邹涛.高校辅导员职业之道[M].北京:中国人民大学出版社,2018.

[6]徐国庆.大学辅导员工作研究[M].长春:吉林大学出版社,2018.

[7]刘飞.高校辅导员理论与研究[M].长春:吉林科学技术出版社,2018.

[8]何登溢.高校辅导员职业发展研究[M].北京:高等教育出版社,2018.

[9]陈正芬.中国高校辅导员制度研究[M].北京:中国社会科学出版社,2018.

[10]魏则胜.高校辅导员工作目标、任务与方法[M].广州:广东高等教育出版社,2018.

[11]丁爱芹.高校辅导员心理辅导与危机应对[M].北京:光明日报出版社,2021.

[12]陈虹,赵鹏.高校辅导员工作理论与实务知识[M].天津:天津社会科学院出版社,2021.

[13]魏金明.新时期高校辅导员工作探索[M].北京:光明日报出版社,2021.

[14]吴维均.新时代高校辅导员的专业发展研究[M].成都:四川大学出

版社，2021.
[15]柳宏亚，雷炳锋. 高校辅导员工作专业化发展多维度研究[M]. 长春：吉林大学出版社，2021.
[16]戚磊. 高校辅导员工作专业化的反思与建设[M]. 长春：吉林出版集团股份有限公司，2021.
[17]艾楚君，丁丹. 辅导员视域下校园文化建设[M]. 长沙：中南大学出版社，2020.
[18]王胡英. 高校优秀辅导员角色形象研究[M]. 北京：中国社会科学出版社，2020.
[19]何林建. 高校辅导员工作实战指南[M]. 上海：上海交通大学出版社，2020.
[20]周涛. 新时代高校辅导员价值引领功能探索[M]. 上海：同济大学出版社，2020.
[21]徐悦. 现代高校管理与辅导员工作精细化研究[M]. 北京：北京工业大学出版社，2020.
[22]费萍. 高校辅导员职业能力培养研究[M]. 重庆：西南师范大学出版社，2019.
[23]王焕红. 高校辅导员的工作与专业化发展[M]. 北京：中国财富出版社，2019.
[24]陈芳. 儒家文化视域下的新时代高校辅导员工作[M]. 合肥：安徽大学出版社，2019.
[25]江峰. 高校辅导员心理健康教育能力研究[M]. 芜湖：安徽师范大学出版社，2018.
[26]温淑筠，欧阳焱. 现代传播学视域下高校辅导员团队创建创新研究[M]. 北京：九州出版社，2018.
[27]陈梦莹. 辅导员工作实践与探索[M]. 长春：吉林大学出版社，2021.
[28]李剑伟. 新时代高校辅导员专业成长 20 讲[M]. 北京：中国商务出版社，2021.

[29]樊富珉,何瑾,贾烜.辅导员团体辅导工作技能[M].北京:高等教育出版社,2021.
[30]石瑞宝,赵丽娟,赵新燕.明行动之道筑事业之基高校辅导员实战手册[M].济南:山东大学出版社,2021.